Maravillas

Guía de lectura atenta

McGraw Hill

Cover and Title Page: Nathan Love

www.mheonline.com/lecturamaravillas

Send all inquiries to:
McGraw-Hill Education
Two Penn Plaza
New York, New York 10121

ISBN: 978-0-02-133908-2
MHID: 0-02-133908-2

Printed in the United States of America.

9 10 11 LMN 23 22 21 20

D

¡Eureka! ¡Lo conseguí!

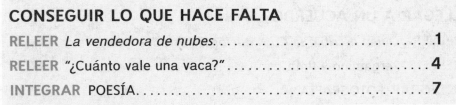

CONSEGUIR LO QUE HACE FALTA

RELEER *La vendedora de nubes*.................................1

RELEER "¿Cuánto vale una vaca?".........................4

INTEGRAR POESÍA...7

PRUEBA Y ERROR

RELEER *El intruso y los cuervos* 8

RELEER "Cómo se investiga un crimen"....................11

INTEGRAR FOTOGRAFÍA.................................14

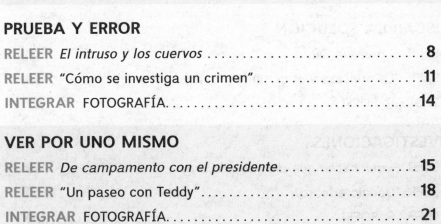

VER POR UNO MISMO

RELEER *De campamento con el presidente*..............15

RELEER "Un paseo con Teddy"............................18

INTEGRAR FOTOGRAFÍA.................................21

LAS INVENCIONES

RELEER *A todo color: Guillermo González Camarena* 22

RELEER "Hora de inventar"..............................25

INTEGRAR ARTE...28

TIME FOR KIDS

RELEER *El futuro del transporte* 29

RELEER "Ir de un lado a otro" 31

INTEGRAR CANCIÓN.....................................33

EL SIGUIENTE PASO

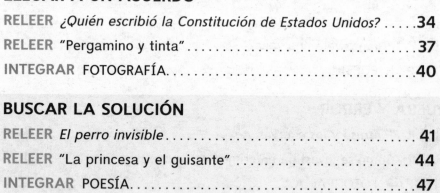

LLEGAR A UN ACUERDO

RELEER ¿Quién escribió la Constitución de Estados Unidos? **34**

RELEER "Pergamino y tinta" **37**

INTEGRAR FOTOGRAFÍA **40**

BUSCAR LA SOLUCIÓN

RELEER El perro invisible **41**

RELEER "La princesa y el guisante" **44**

INTEGRAR POESÍA **47**

INVESTIGACIONES

RELEER El muchacho que dibujaba pájaros **48**

RELEER "Dédalo e Ícaro" **51**

INTEGRAR POESÍA **54**

UN PLAN DE ACCIÓN

RELEER La niña de la calavera **55**

RELEER "Del texto a la mesa" **58**

INTEGRAR ARTE **61**

REALIZAR

RELEER "geología"; "Ilusión" **62**

RELEER "Clave" **64**

INTEGRAR FOTOGRAFÍA **66**

Ir de aquí para allá

SER DIFERENTES

RELEER *El árbol de las preguntas* **67**

RELEER "¿De dónde vino eso?" **70**

INTEGRAR CANCIÓN **73**

SER INGENIOSOS

RELEER *Buscalacranes* **74**

RELEER "Plantas con propósito" **77**

INTEGRAR POESÍA **80**

LOS PATRONES

RELEER *La historia de la nieve* **81**

RELEER "El asombroso hallazgo de Fibonacci" **84**

INTEGRAR ARTE **87**

TRABAJO EN EQUIPO

RELEER *La cola de Winter* **88**

RELEER "Manos auxiliadoras" **91**

INTEGRAR ARTE **94**

TIME FOR KIDS

RELEER *Machu Picchu: ciudad antigua* **95**

RELEER "¡Investiga esta tecnología!" **97**

INTEGRAR FOTOGRAFÍA **99**

Depende de ti

COMPARTIR HISTORIAS

RELEER *Tulia y la tecla mágica* 100

RELEER "Cómo la abuela araña se robó el Sol" 103

INTEGRAR CANCIÓN 106

DESCUBRIMIENTOS

RELEER *El reglamento es el reglamento* 107

RELEER "Una segunda oportunidad para Roco" 110

INTEGRAR POESÍA 113

ACCIÓN

RELEER *El rey de las octavas* 114

RELEER "Nuestras voces, nuestros votos" 117

INTEGRAR FOTOGRAFÍA 120

NUESTROS RECURSOS

RELEER *Un pozo único* 121

RELEER "Los secretos del suelo" 124

INTEGRAR ARTE 127

EXPRESARSE

RELEER "Oda a la cebolla"; "Vegetaciones" 128

RELEER "La Tierra" 130

INTEGRAR ARTE 132

(tr)NASA Goddard Space Flight Center Image by Reto Stöckli; (br)Johner Images/age fotostock;
(bl bkgd)NASA/JPL http://photojournal.jpl.nasa.gov/catalog/PIA12114; (bl inset)Hubble Heritage Team/NASA

¿Qué sigue?

NUEVAS PERSPECTIVAS

RELEER *Kafka y la muñeca viajera* **133**

RELEER "Un paseo a caballo" **136**

INTEGRAR ARTE **139**

MEJOR JUNTOS

RELEER *Ecos del desierto* **140**

RELEER "Impresiones musicales de la Gran Depresión" **143**

INTEGRAR FOTOGRAFÍA **146**

NUESTRA TIERRA ESTÁ CAMBIANDO

RELEER *El calentamiento global* **147**

RELEER "Cuando los volcanes hacen erupción" **150**

INTEGRAR POESÍA **153**

AHORA SABEMOS

RELEER *¿Cuándo un planeta no es un planeta?* **154**

RELEER "Luna nueva" **157**

INTEGRAR ARTE **160**

TIME FOR KIDS

RELEER *El caso de las abejas desaparecidas* **161**

RELEER "Las ocupadas y beneficiosas abejas" **163**

INTEGRAR POESÍA **165**

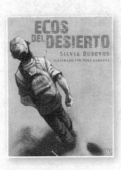
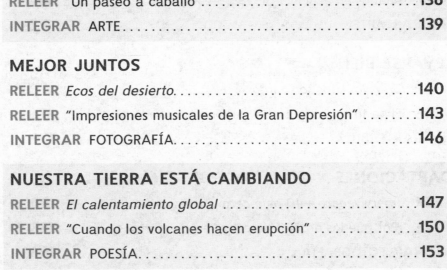

Vinculados

ALIARSE

RELEER *El código indescifrable* 166

RELEER "Aliados en acción" 169

INTEGRAR ARTE 172

LLEVARSE BIEN

RELEER *Todos los osos son zurdos* 173

RELEER "Elige tu estrategia: Una guía para llevarse bien" 176

INTEGRAR FÁBULA 179

ADAPTACIONES

RELEER *Supervivencia a 40 bajo cero* 180

RELEER "¿Por qué los árboles perennes no pierden sus hojas?" . . 183

INTEGRAR FOTOGRAFÍA 186

APORTAR

RELEER *Plantando los árboles de Kenia* 187

RELEER "El proyecto del parque" 190

INTEGRAR ARTE 193

EN EL MUNDO

RELEER "Caupolicán", "¿Quién es?" 194

RELEER "Barcarola" 196

INTEGRAR POESÍA 198

La vendedora de nubes

 ¿Cómo se complementan la ilustración y el diálogo entre el político y la niña?

Antología de literatura:
páginas 10-19

COLABORA

Coméntalo Vuelve a leer la página 13. Comenta con un compañero o una compañera qué sucede cuando el político le ofrece a la niña comprar su nube.

Cita evidencia del texto ¿Qué evidencias del diálogo te sirven para comprender la situación? ¿Con qué detalles de la imagen puedes reforzar lo que sucedió? Escribe tu respuesta en el organizador gráfico.

Evidencia del texto	Detalles de la imagen

Escribe La ilustración complementa el diálogo al _____

_____

LECTURA ATENTA **Consejo de la semana**

Cuando **vuelvo a leer,** veo los detalles de la ilustración mientras leo el diálogo.

José

Jupiterimages/Creatas/360/Getty Images

¿Cómo se resalta el contraste entre la interacción de la niña con la científica y con el vagabundo en las ilustraciones?

COLABORA

Coméntalo Vuelve a leer las páginas 14 y 15. Comenta en parejas qué sucede cuando la niña habla con la científica y con el vagabundo.

Cita evidencia del texto Observa las imágenes con detenimiento. ¿Cómo es la actitud de la niña con la científica? ¿Cómo es su actitud con el vagabundo? Escribe tu respuesta en el organizador gráfico.

 *ACUÉRDATE*

Puedo utilizar estos marcos de oración cuando comento el contraste entre las imágenes.

La primera imagen se diferencia de la segunda en...
En la segunda imagen...

La niña y la científica	La niña y el vagabundo

Escribe En el contraste entre las interacciones _____

_____

_____

¿Por qué puede resultar útil para el autor incluir una ilustración relacionada con el suceso en que el obrero compra y se lleva la nube, en lugar de que simplemente se describa en el texto?

COLABORA

Coméntalo Vuelve a leer las páginas 16 y 18. Comenta con un compañero o una compañera lo que ocurre en cada ilustración.

Cita evidencia del texto De las descripciones del texto, ¿cuáles son realistas y cuáles fantasiosas? ¿Qué situaciones en las imágenes son fantasiosas y qué situaciones son realistas? Escribe tus respuestas en el organizador gráfico.

	Descripción del texto	Situación en la imagen
Realista		
Fantasioso		

Escribe Estas ilustraciones pueden ser útiles para _____

_____

_____

ACUÉRDATE

A medida que vuelvo a leer, puedo centrarme en las imágenes que representan los sucesos del relato.

Tu turno

Piensa en la relación de las ilustraciones con la narración del relato. ¿Cómo te facilitan los elementos de la estructura del texto entender los sucesos y las emociones de los personajes?

La estructura del texto consta de…

Esto me facilita entender los sucesos y las emociones de los personajes porque…

¡Conéctate!
Escribe tu respuesta en línea.

"¿Cuánto vale una vaca?"

¿Cómo te sirven los diálogos para a entender el tema?

COLABORA

Coméntalo Vuelve a leer las páginas 22 y 23. Comenta con un compañero o una compañera cómo identificaron el tema de esta sección.

Cita evidencia del texto ¿A partir de qué claves en los diálogos puedes identificar el tema de la sección? Busca evidencias del texto y escríbelas en el organizador gráfico.

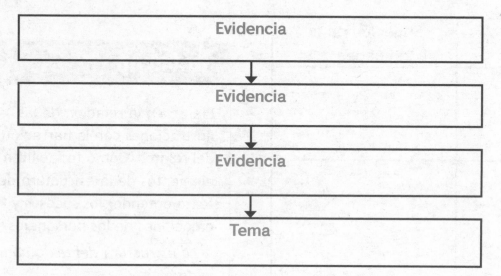

Evidencia

Evidencia

Evidencia

Tema

Escribe A partir de los diálogos puedo entender que _____

_____

ACUÉRDATE

A medida que vuelvo a leer, puedo revisar la información que dan los personajes en los diálogos para identificar el tema de un relato.

¿? ¿Cómo se relacionan las ilustraciones con el relato?

COLABORA

Coméntalo Vuelve a leer la página 24. Comenta con un compañero o una compañera las ilustraciones.

Cita evidencia del texto ¿Qué detalles de la imagen se mencionan en el texto? Escribe tu respuesta en el organizador gráfico.

Detalles del texto	Detalles de la imagen

Escribe Las ilustraciones _____

_____

ACUÉRDATE

CLOSE READING

Puedo utilizar estos marcos de oración cuando comento los detalles de la imagen que se mencionan en el texto.

En la imagen se muestra que...

En el texto también se menciona que...

¿Cómo puedes inferir el punto de vista del narrador a partir del diálogo y sus acotaciones?

COLABORA

Coméntalo Vuelve a leer las páginas 22 a 25. Comenta con un compañero o una compañera la manera en la que el narrador presenta el relato.

Cita evidencia del texto ¿Cuál es el punto de vista del narrador? Completa el organizador gráfico con evidencia del texto.

ACUÉRDATE

Cuando vuelvo a leer, presto atención a cómo presenta el narrador el relato para identificar su punto de vista.

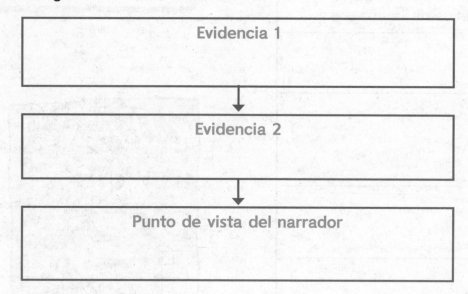

Evidencia 1

↓

Evidencia 2

↓

Punto de vista del narrador

Escribe El punto de vista del autor _____

_____

_____

¿Cómo se aplica el consejo del poema a la niña de *La vendedora de nubes,* y a otras personas que quieren dirigir un negocio?

COLABORA

Coméntalo Comenta con un compañero o compañera acerca del consejo que aparece en el poema.

Cita evidencia del texto Lee el poema. Luego identifica las razones que las personas que están comenzando un negocio pueden tener para seguir adelante a pesar del fracaso. Escribe los obstáculos que un empresario puede tener que afrontar.

Escribe El consejo del poeta se aplica a la niña y a otras personas que quieren dirigir un negocio, porque _____

_____

_____

ACUÉRDATE

El poema brinda un consejo. Puedo pensar diferentes situaciones donde aplicarlo.

Inténtalo de nuevo

Si crees que tu tarea es difícil,
  Inténtalo de nuevo;
El tiempo traerá tu recompensa
  Inténtalo de nuevo;
Si los demás pueden hacerlo,
Con tu paciencia no podrás tú?
Solo mantén presente esta regla-
  Inténtalo de nuevo.

— Anónimo

El intruso y los cuervos

 ¿Por qué es importante el efecto que busca generar el autor con la descripción del vagabundo al inicio del relato?

Antología de literatura: páginas 26–37

COLABORA

Coméntalo Vuelve a leer el segundo párrafo de la página 27. Comenta con un compañero o una compañera cómo es el vagabundo.

Cita evidencia del texto ¿Qué hacía y qué no hacía el vagabundo? Escribe tu respuesta en el organizador gráfico.

Cosas que hacía	Cosas que no hacía

Escribe El efecto que el autor busca generar es importante porque _____

_____

_____

LECTURA ATENTA Consejo de la semana

Cuando **vuelvo a leer**, imagino los personajes a partir de las descripciones del relato.

Maddy

¿Cuál es el propósito del autor al presentar las interpretaciones de algunos habitantes sobre el suceso narrado?

ACUÉRDATE

Cuando vuelvo a leer, puedo tratar de identificar los propósitos del autor.

COLABORA

Coméntalo Vuelve a leer la página 28. Comenta en parejas cuál es el suceso que origina las interpretaciones de los habitantes del pueblo.

Cita evidencia del texto ¿Cuál es la interpretación que dan los habitantes de dicho suceso? Completa el organizador gráfico.

Personaje	Opinión sobre el suceso

Escribe Al presentar diversas interpretaciones de un mismo suceso, el autor

_____

¿De qué manera coinciden las opiniones de Virgilio y los habitantes del pueblo sobre el vagabundo?

COLABORA

Coméntalo Vuelve a leer las páginas 32 y 33. Comenta en parejas el diálogo.

Cita evidencia del texto ¿Qué evidencias del texto te ayudan a identificar las semejanzas y diferencias en este caso? Completa el organizador gráfico.

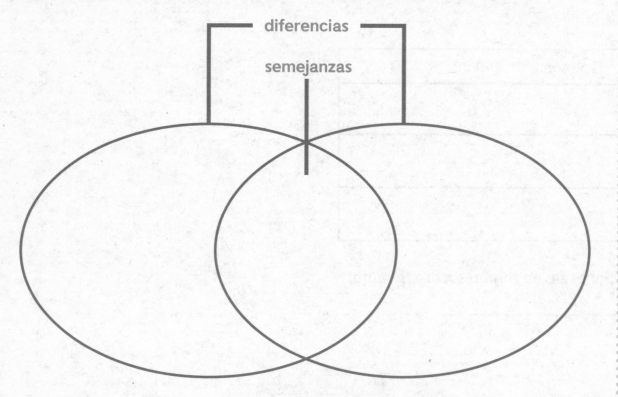

diferencias

semejanzas

Escribe Tanto Virgilio como los habitantes del pueblo _____

_____

Cuando vuelvo a leer, presto atención al intercambio de ideas, pruebas y opiniones entre los personajes.

Tu turno

Piensa en cómo desarrolla el autor el personaje del vagabundo a lo largo del relato. ¿Cómo emplea algunos recursos para crear este personaje y comunicar que no debemos juzgar a los demás sin evidencia suficiente?

Para desarrollar el personaje del vagabundo, el autor emplea recursos como...

Estos recursos sirven para transmitir el mensaje de la lectura, ya que...

¡Conéctate!
Escribe tu respuesta en línea.

"Cómo se investiga un crimen"

1 Una computadora desaparece de la casa de una señora a mitad del día. Nadie vio lo que ocurrió. Es el trabajo de la policía averiguar quién cometió el crimen. Sin tener un testigo, ¿dónde pueden comenzar? ¿Dónde comenzarías tú? ¡En las ciencias, por supuesto! Misterios como este se resuelven todos los días con la ayuda de los científicos, quienes, como la policía, quieren atrapar criminales.

2 Cuando se comete un crimen, la primera persona a la que llaman al lugar del delito es un investigador. Con frecuencia los investigadores trabajan en equipos formados por científicos y detectives de la policía. Juntos tratan de resolver los misterios. Cada investigación es diferente. El equipo de investigadores debe usar distintos grupos de personas y crear nuevas maneras de resolver cada caso.

Norma Jean Gargasz/Alamy Stock Photo

Vuelve a leer y haz anotaciones en el texto siguiendo las instrucciones.

Vuelve a leer los párrafos 1 y 2. Encierra en un círculo cada uno de los grupos que participa en la investigación de un crimen. Escribe tu respuesta.

_____

Vuelve a leer el párrafo 2. Subraya qué deben hacer los investigadores al ser cada investigación diferente.

Escribe tu respuesta.

_____

COLABORA

Comenta con un compañero o una compañera con qué evidencia del texto pueden comprender las motivaciones de las personas que investigan un crimen.

Buscar y recopilar evidencia

[1] Los investigadores buscan evidencias minuciosamente en el lugar del delito. Para buscar a fondo, siguen un patrón yendo hacia adelante y hacia atrás. La primera evidencia que recolectan es una descripción del lugar.

El trabajo del científico

[2] Los científicos que estudian las evidencias se llaman científicos forenses. Ellos examinan todas las evidencias para obtener medidas correctas y hacer comparaciones. Al terminar de analizar los resultados, los científicos, con frecuencia, dan opiniones acerca de la evidencia. Sus opiniones y los resultados de las pruebas pasan a manos de los detectives del caso.

Resolver el caso

[3] Los detectives usan la evidencia que recolectaron y la información de los científicos para averiguar lo que sucedió en un crimen. Así la policía puede usar toda esa información para buscar y capturar a los criminales.

Vuelve a leer los párrafos 1, 2 y 3. Identifica cuál es la labor principal de las personas que investigan un crimen.

Ubica cada una de las siguientes palabras con el grupo que las realiza.

Estudian la evidencia.
Buscan las evidencias.
Interpretan la información.

Los investigadores _____
Los científicos _____
Los detectives _____

COLABORA

Comenta con un compañero o una compañera cuál es el objetivo de investigar un crimen. Subraya la evidencia en el texto que sustenta tu respuesta.

¿De qué modo la organización de la información te ayuda a comprender el proceso que implica investigar un crimen?

COLABORA

Coméntalo Comenta con un compañero o una compañera por qué el autor presenta la información de manera cronológica.

Cita evidencia del texto Identifica los sujetos que intervienen en el proceso de investigación de un crimen y su función en el proceso. Escribe tu respuesta en el organizador gráfico.

Sujeto	Función en el proceso

Escribe La organización de la información _____

_____

 ACUÉRDATE

Cuando leo un texto que describe los sucesos cronológicamente, puedo imaginar una secuencia. Además, puedo hacer listas y enumerar los pasos más importantes del proceso.

¿De qué manera trabajan en equipo los grupos en "Construyendo la Estatua de la Libertad", en *El intruso y los cuervos* y en "Cómo se investiga un crimen"?

Coméntalo Comenta con un compañero o compañera lo que observas en la fotografía. Reflexiona acerca del trabajo que se necesitó para crear la estatua.

Cita evidencia del texto Observa la fotografía. Piensa en lo que cada persona puede estar haciendo y lo que necesitan hacer como equipo. Trabaja con un compañero o compañera para identificar qué hace un equipo exitoso.

Escribe Un equipo puede trabajar de manera exitosa _____

_____

_____

_____

_____

ACUÉRDATE

Observo en la fotografía varias personas trabajando. Puedo reflexionar acerca de cómo cada persona fue esencial para la construcción de la estatua.

Library of Congress Prints and Photographs Division (LLC-USZ62-20113)

"Construyendo la Estatua de la Libertad" es una fotografía de unos trabajadores, tomada en una bodega parisina. ¿Puedes ver la mano izquierda de la estatua?.

De campamento con el presidente

¿Cómo te ayuda la autora a visualizar lo que el presidente Roosevelt ve y escucha en Yosemite?

COLABORA

Coméntalo Vuelve a leer las páginas 48 y 49. Comenta con un compañero o una compañera cómo describe la autora la experiencia de Roosevelt.

Cita evidencia del texto ¿Qué expresiones te ayudan a imaginar lo que Roosevelt ve y escucha? Completa el organizador gráfico.

Evidencia	Lo que visualizo

Escribe La autora me ayuda a visualizar lo que Roosevelt ve y escucha por medio del _____

_____

Antología de literatura: páginas 42–57

LECTURA ATENTA **Consejo de la semana**

Cuando **vuelvo a leer**, uso las palabras que escoge el autor para comprender mejor lo que el personaje ve y siente.

Sofia

Hill Street Studios/Blend Images/Getty Images

¿Cómo te ayuda la autora a entender por qué el presidente decide colaborar con John Muir?

Coméntalo Vuelve a leer la página 50 y 51. Comenta con un compañero o una compañera la reacción de Roosevelt ante lo que le dice John Muir.

Cita evidencia del texto ¿Cómo logra la autora mostrarte cómo se sentía Roosevelt con la tala de secuoyas? Completa el organizador gráfico.

Evidencia	Cómo se siente Roosevelt

Puedo usar estos marcos de oración para referirme a Roosevelt.

La autora dice que Roosevelt...
Esto me permite comprender que él quiere ...

Escribe Entiendo por qué Roosevelt ayuda a Muir porque la autora _____

_____

_____

¿De qué manera utiliza el diálogo la autora para ayudarte a visualizar el efecto que causa en Roosevelt la noche que pasa en el bosque?

COLABORA

Coméntalo Vuelve a leer la página 54. Comenta con un compañero o una compañera lo que dijo Roosevelt.

Cita evidencia del texto ¿Qué dice Roosevelt para mostrar cómo se siente? Completa el organizador gráfico con evidencia del texto.

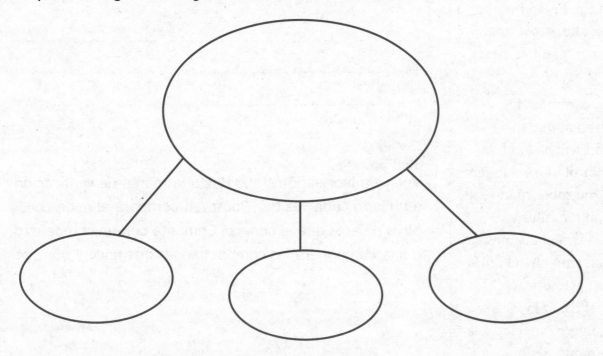

Escribe La autora utiliza el diálogo para ayudarme a comprender que Roosevelt se siente _____

_____

ACUÉRDATE
LECTURA ATENTA

Puedo usar el diálogo para comprender cómo se siente el personaje.

Tu turno

Piensa en las cosas que el presidente Roosevelt hizo y dijo durante su viaje a Yosemite. ¿Cómo muestra la autora el modo como Roosevelt cambió gracias a esta experiencia?

La autora narra lo que le sucede a Roosevelt recurriendo a…

El diálogo y las ilustraciones me ayudan a…

Esto me ayuda a comprender que Roosevelt…

¡Conéctate!
Escribe tu respuesta en línea.

"Un paseo con Teddy"

1   Salimos de Londres en la mañana del 9 de junio... Al descender del tren en Basingstoke, condujimos hasta el precioso y risueño valle de Itchen. Allí caminamos durante tres o cuatro horas, luego condujimos de nuevo, esta vez hasta el límite de New Forest, donde primero tomamos té en una posada, y luego caminamos a través del bosque hasta otra posada al otro lado, en Brockenhurst. Al final de nuestra caminata mi acompañante hizo una lista de las aves que habíamos visto...

2   El ave que más me impresionó en mi caminata fue el mirlo. Ya había escuchado ruiseñores en abundancia cerca del lago Como... pero nunca había escuchado al mirlo, al zorzal común o a la curruca capirotada; y aunque sabía que los tres eran buenos cantores, no sabía cuán estupendos eran. Los mirlos eran muy abundantes y tenían un papel destacado en el coro que escuchábamos durante el día... En sus hábitos y comportamiento, el mirlo se parece notablemente a nuestro petirrojo americano... Salta por todas partes sobre el césped, tal como lo hace nuestro petirrojo... Su canción tiene un ligero parecido a la de nuestro petirrojo, pero varias de sus notas son mucho más musicales, más parecidas a las de nuestro tordo... En realidad, considero que el mirlo no ha recibido el honor que merece en los libros. Sabía que era un ave cantora, pero en realidad no tenía idea de su magnificencia.

Vuelve a leer y haz anotaciones en el texto siguiendo las instrucciones.

Vuelve a leer el párrafo 1. Subraya las palabras y frases que te aclaran lo que Roosevelt aprendió sobre los mirlos.

Encierra en un círculo dos oraciones que muestren la opinión de Roosevelt sobre los mirlos. Escríbelas aquí:

1. _____

2. _____

   _____

COLABORA

Vuelve a leer el párrafo 2. Haz una marca de verificación a un lado cada vez que Roosevelt compara el mirlo con otros pájaros que él conoce. Comenta con un compañero o una compañera las comparaciones que hace y por qué.

Un hombre de acción

3   Roosevelt se dio cuenta de que ver y escuchar a esas aves en la naturaleza le proporcionó más información que cualquier libro. Pudo ver las aves en acción. Pudo escuchar sus llamados. Su experiencia le mostró mucho sobre las aves del campo.

4   Roosevelt siguió viajando durante toda su vida. Aprovechó cada oportunidad para estudiar a los animales en la naturaleza. Pero sus viajes también le mostraron que los hábitats necesitaban protección. En sus años como presidente, Roosevelt trabajó para preservar la tierra. Estableció 150 bosques nacionales, 4 parques nacionales y 51 reservas de aves. Estos sitios continúan protegiendo la vida silvestre de la nación.

Vuelve a leer el párrafo 3. Encierra en un círculo todas las maneras en que Roosevelt obtuvo información acerca de los pájaros. Encierra en un cuadrado lo que esta experiencia le enseñó.

COLABORA

Vuelve a leer el párrafo 4. Mira la fotografía y el pie de foto. Subraya el texto que te permite ver las medidas que tomó Roosevelt.

Comenta con un compañero o una compañera por qué "Un hombre de acción" es un título apropiado para esta sección. Usa tus notas y la fotografía para sustentar tu respuesta.

_____

_____

_____

Roosevelt declaró Crater Lake un parque nacional. Este lago es el más profundo en los Estados Unidos. Tiene una profundidad de 1,943 pies.

Elaine Mayes/Digital Vision/Getty Images

¿Cómo te sirven los fragmentos, la fotografía y el pie de foto para saber que el viaje de Roosevelt a Inglaterra tuvo un efecto perdurable sobre él?

COLABORA

Coméntalo Vuelve a leer el fragmento de la página 19 y observa la fotografía. Comenta las cosas maravillosas que hizo Roosevelt después de su viaje a Inglaterra.

Cita evidencia del texto ¿Cuáles son algunas de las cosas que hizo Roosevelt? Completa el organizador gráfico.

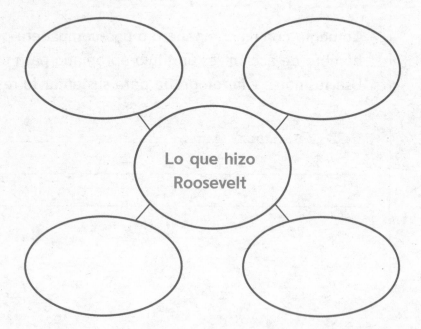

Lo que hizo Roosevelt

Escribe Veo que el viaje de Roosevelt tuvo un impacto en su vida porque

_____

_____

ACUÉRDATE

Cuando vuelvo a leer, puedo analizar los ejemplos que ofrece el autor para comprender una autobiografía.

¿De qué manera los autores de "Una caminata con Teddy" y *De campamento con el presidente* y el autor de esta fotografía del águila te ayudan a vivir la naturaleza y cambiar tu opinión sobre ella?

COLABORA

Coméntalo Mira la foto y lee el pie de foto. Comenta en parejas cómo te hacen sentir y por qué.

Cita evidencia del texto Encierra en un círculo las pistas en la foto que te ayudan a sentir cómo es ver a un águila calva. Subraya dos detalles que señalen su poder y fuerza. Piensa en cómo los autores usan las palabras y las frases para crear imágenes de la naturaleza en las lecturas de esta semana.

Escribe El fotógrafo y los autores me ayudan a vivir la naturaleza _____

_____

_____

ACUÉRDATE

Puedo usar los detalles de la fotografía para ayudarme a vivir la naturaleza. Esto me sirve para comparar el texto con el arte.

Fotografía de un águila calva sobrevolando un río en Montana en busca de un salmón.

Alan and Sandy Carey/Getty Images

A todo color

¿De qué modo las claves de contexto te permiten inferir que la autora pretende involucrarte en el tema de la lectura a partir de la pregunta que abre el texto?

COLABORA

Coméntalo Vuelve a leer los tres primeros párrafos de la página 65. Comenta en parejas cómo esta parte del texto te permite hacerte una idea de lo que pudo ser el invento de la televisión para la época en que se creó.

Cita evidencia del texto ¿Qué recursos o expresiones utiliza la autora para describir lo que permite hacer la televisión? Completa el organizador gráfico.

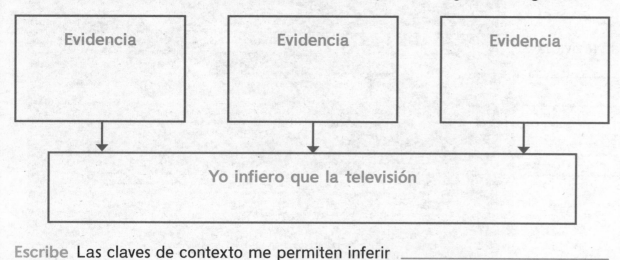

Evidencia	Evidencia	Evidencia

Yo infiero que la televisión

Escribe Las claves de contexto me permiten inferir _____

_____

Antología de literatura:
páginas 64-77

Consejo de la semana

LECTURA ATENTA

Cuando **vuelvo a leer,** analizo las claves de contexto para comprender el tema principal de una lectura. Busco evidencias en el texto para responder preguntas.

Evan

picturegarden/Photodisc/Getty Images

¿Por qué es importante que la autora incluya ilustraciones con información científica y biográfica?

COLABORA

Coméntalo Vuelve a leer las páginas 66 y 67. Comenta con un compañero o una compañera los sucesos que se narran a partir de las ilustraciones.

Cita evidencia del texto ¿Qué evidencias de un lenguaje científico encuentras en los pasos para llevar una imagen desde la cámara a los receptores de televisión? Completa el organizador gráfico con evidencia del texto.

Evidencias	Resumen de los pasos

Escribe Es importante que la autora incluya los dos tipos de ilustraciones _____

_____

_____

 *ACUÉRDATE*

Cuando vuelvo a leer, presto atención a lo que me dicen las ilustraciones para así establecer relaciones con los tipos de lenguaje que emplea la autora.

¿Por qué es necesario que la autora incluya ilustraciones de los cañones de electrones?

Coméntalo Vuelve a leer las páginas 68 y 69. Comenta con un compañero o una compañera el ingenio de Guillermo para realizar su experimento y cómo creó los cañones de electrones.

Cita evidencia del texto ¿Qué palabras o frases del texto describen la imagen de los cañones de electrones? ¿Por qué fueron necesarios para la invención de Guillermo? Completa el organizador gráfico.

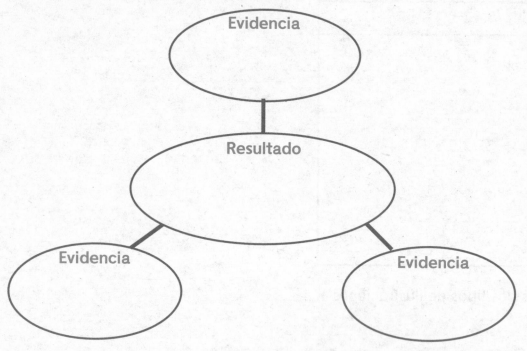

Evidencia

Resultado

Evidencia

Evidencia

Escribe Es necesario incluir ilustraciones de objetos como los cañones de electrones porque _____

ACUÉRDATE

Puedo utilizar estos marcos de oración cuando describo ilustraciones que representan una invención científica.

La autora emplea las ilustraciones para...
Por medio de estas yo visualizo...

Tu turno

Reflexiona sobre la información técnica y biográfica que la autora incluye en el texto. ¿Cómo emplea algunos recursos para captar la atención del lector y facilitar su comprensión de los logros de Guillermo?

Para captar la atención del lector, la autora emplea...

Para facilitar la comprensión de los logros de Guillermo, emplea...

Estos recursos son útiles porque...

¡Conéctate!
Escribe tu respuesta en línea.

"Hora de inventar"

Lunes 8:00pm

1 Esa noche, después de mucho rogarle a su mamá, Lidia logró que consintiera en darle otra oportunidad. Para asegurarse de que escucharía el despertador, subió y subió el volumen hasta el tope. Y aunque no parecía ser la manera más tranquila de despertar, Lidia pensó que con eso bastaría.

Martes 7:50am

2 A la mañana siguiente, un pitido agudo que resonaba en toda su habitación la despertó de una sacudida. Mientras Lidia buscaba a tientas el botón de apagado del despertador, su madre entró corriendo en la habitación con las manos en los oídos. —¿Qué es ese ruido tan espantoso? —gritó. Lidia apagó el despertador de un golpe.

3 —Bueno, al menos me desperté a tiempo —farfulló avergonzada.

4 Su madre la miró con enojo. —¡Y también el vecindario entero!

5 Aunque Lidia pudo tomar el autobús a tiempo aquel día, sabía que su madre no toleraría la misma situación todas las mañanas. Y si quería convencerla debía encontrar una mejor manera de levantarse por sí sola.

Vuelve a leer y haz anotaciones en el texto siguiendo las instrucciones.

Vuelve a leer los párrafos 2, 3 y 4. Subraya las oraciones que te permiten visualizar cómo se despertó Lidia el martes en la mañana. Encierra en un círculo las pistas en la ilustración que te dan más información. Escribe tu respuesta.

COLABORA

Vuelve a leer el párrafo 5. Comenta con un compañero o una compañera cómo sabes que Lidia va a seguir intentando despertarse sola. En el margen, haz una marca para señalar la evidencia del texto.

Illustrator: Christina Rodriguez

Martes 3:30pm

6   Cuando Lidia regresó a casa de la escuela, su madre le pidió que la ayudara a encontrar su viejo teléfono móvil. —Conseguí uno nuevo esta tarde y quiero darte el viejo, pero no puedo encontrarlo en ninguna parte. —Su madre marcaba el antiguo número mientras Lidia buscaba por toda la casa. En la cocina escuchó un ruido sordo que provenía de un cajón. La niña abrió el cajón y allí, vibrando entre los bolígrafos y los blocs de papel, estaba el móvil de su madre.

7   De repente, Lidia hizo un descubrimiento. —Lo encontré, mamá —dijo al responder el teléfono—. ¿Y me darás otra oportunidad de despertarme sola mañana?

8   Aquella tarde, Lidia programó la alarma del teléfono para que vibrara. Después fue a la cocina y miró en el basurero de reciclaje. Allí encontró una lata metálica de café y una tapa que le ajustaba. Las lavó y luego las llevó arriba. Puso el teléfono en modo vibrar, lo introdujo en la lata y colocó la tapa. Comenzó a contar los segundos en que la alarma se activaría: 3, 2, 1. De repente, la lata sonó y se sacudió a medida que el aparato vibraba en su interior. Mientras escuchaba, se había imaginado a sí misma despertándose a causa del ruido. El sonido producido por el teléfono era más fuerte que cuando estaba en el cajón, pensó, pero no tanto para que alguien más pudiera escucharlo. Más importante aún, se preguntó si sería lo suficientemente alto para despertarla en la mañana. Solo había una manera de averiguarlo.

Vuelve a leer los párrafos 6 y 7. Subraya las frases que te indican que Lidia tiene una nueva idea. Escribe tu respuesta.

COLABORA

Vuelve a leer el párrafo 8. Comenta con un compañero o una compañera los pasos que Lidia siguió para crear su invención. Numera los pasos al margen del texto.

Encierra en un círculo las palabras que indican un orden cronológico.

¿Por qué el lenguaje sensorial empleado por el autor en la sección "Martes, 7:50 A.M." resulta efectivo para que visualices el suceso narrado?

COLABORA

Coméntalo Vuelve a leer el fragmento de la página 25. Con un compañero o una compañera comenta los sentimientos de Lidia y su madre al escuchar el pitido de la alarma.

Cita evidencia del texto ¿Qué expresiones te ayudan a imaginar los diferentes sonidos del fragmento? Completa el organizador gráfico.

Evidencia del texto	¿Qué visualizo?

Escribe El lenguaje sensorial empleado por el autor es efectivo porque _____

_____

_____

¿ **¿De qué manera se relaciona este momento en la historia del ferrocarril Transcontinental con el trabajo de Guillermo González en *A todo color* y con el objetivo de Lidia en "Tiempo para inventar"?**

COLABORA

Coméntalo Comenta con un compañero o una compañera lo que está sucediendo en el cuadro. Reflexiona y comenta acerca de lo que pudo haber significado para estas personas ser parte de la conexión interna del país con el ferrocarril.

Cita evidencia del texto Observa el cuadro. Encierra en un círculo el tema central. Trabaja con un compañero o una compañera para encontrar otros tres puntos de interés visual. Haz anotaciones acerca de porqué son interesantes.

Escribe El momento representado en el cuadro se relaciona con el trabajo de Guillermo González y Lidia, porque _____

_____

_____

_____

ACUÉRDATE

Cuando observo el cuadro, mi atención visual se dirige al centro. Lo que observo allí me ayuda a comparar el arte con los textos que he leído.

Architect of the Capitol

GOLDEN SPIKE

Los trabajadores del ferrocarril celebran la conexión de dos vías en Promontory, Utah. El cuadro se expone en el Westward Expansion Hall del edificio del Capitolio en Washington, D. C.

El futuro del transporte

¿Cómo puedes saber si la afirmación "La mejor forma de viajar es el auto" se sustenta en observaciones verificadas u opiniones?

Antología de literatura: páginas 84–87

Coméntalo Vuelve a leer la página 85. Comenta con un compañero o una compañera lo que dice el autor sobre la conveniencia de los autos.

Cita evidencia del texto ¿Qué evidencias del texto presenta el autor para referirse al transporte público y los autos? Completa el organizador gráfico.

Transporte público	Autos

Escribe La argumentación del autor se basa en _____

_____

_____

Consejo de la semana

Cuando **vuelvo a leer**, analizo la evidencia del texto para entender el punto de vista del autor.

Candice

Paul Rapson/Science Source Blend Images - JGI/Jamie Grill/Brand X Pictures/Getty Images

¿Cómo te ayuda la estructura que usa el autor a entender la importancia de los trenes de alta velocidad?

Coméntalo Vuelve a leer la página 87. Comenta con un compañero o una compañera las ventajas de tener un sistema de trenes de alta velocidad.

Cita evidencia del texto ¿Qué información te presenta el autor para entender las ventajas y desventajas de los trenes de alta velocidad? Completa el organizador gráfico.

Ventajas	Desventajas	Conclusión

Escribe La estructura presentada por el autor me ayuda a _____

_____

 **ACUÉRDATE**

Puedo analizar la organización del autor para comprender mejor su punto de vista.

Tu turno

Piensa en cómo los dos autores plantean su posición respecto a la tecnología del transporte. ¿Cómo sustenta cada uno sus argumentos? Cita evidencias del texto utilizando estos marcos de oración.

En sus argumentos, cada autor...

Esto me permite comprender que...

¡Conéctate!
Escribe tu respuesta en línea.

"Ir de un lado a otro"

1   Los pasajeros no son los únicos que se movilizan en estos días. La tecnología del transporte también lo hace. Los autos y trenes están cambiando a un ritmo veloz. Estos avances pueden ofrecer más formas de transporte.

LAS FORMAS EN QUE LA GENTE VIAJA DIARIAMENTE

2   Mientras que los investigadores del transporte pueden contar los pasajeros del tren o el número de autos que pasan por un peaje, una encuesta es otro modo como los expertos recogen datos. Un estudio gubernamental mostró que la mayoría de las personas van a trabajar en su vehículo personal. Algunas interpretan que es la forma preferida de viajar. Mejorar el transporte público podría cambiar eso.

Vuelve a leer y haz anotaciones en el texto siguiendo las instrucciones.

Vuelve a leer el párrafo 1. Subraya la oración que muestra la opinión del autor acerca de la tecnología de transporte. En el párrafo 2, encierra en un recuadro la oración que establece una conexión con la gráfica circular.

COLABORA

Observa la gráfica circular. Comenta en parejas lo que representa cada porción de la gráfica. ¿Cómo sabes cuál es la alternativa de transporte más popular para ir al trabajo? Encierra en un círculo la evidencia.

Dibuja una flecha que apunte a la forma de transporte menos popular.

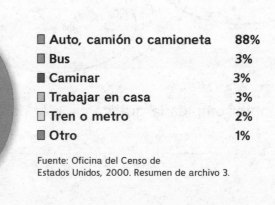

■ Auto, camión o camioneta	88%
■ Bus	3%
■ Caminar	3%
■ Trabajar en casa	3%
■ Tren o metro	2%
■ Otro	1%

Fuente: Oficina del Censo de Estados Unidos, 2000. Resumen de archivo 3.

¿Cómo emplea el autor la gráfica circular para ayudarte a comprender las preferencias de las personas en el transporte?

Comentar Vuelve a leer el fragmento de la página 31 y observa la gráfica circular. Comenta con un compañero o una compañera la diferencia de porcentajes con respecto a los que usan auto.

Cita evidencia del texto ¿Qué evidencias encuentras en la gráfica circular y el texto que te muestren las preferencias de las personas con respecto al transporte? Completa el organizador gráfico.

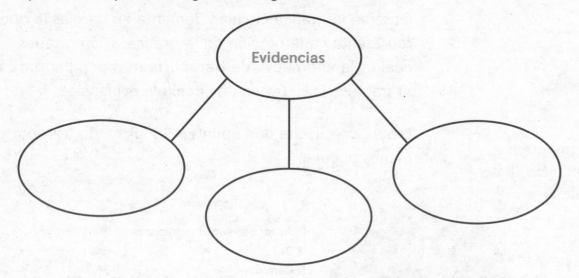

Evidencias

Escribir El autor emplea la gráfica circular para _____

_____

Integrar

¿En qué se parecen el mensaje de la canción y lo que expresan los autores de "El futuro del transporte" e "Ir de un lado al otro"?

Coméntalo Comenta con un compañero o una compañera el mensaje de la canción. Analiza lo que tiene en común con las lecturas de la semana sobre el transporte.

Cita evidencia del texto En la letra de la canción, encierra en un círculo las frases sobre qué siente el escritor sobre viajar en tren. Subraya la evidencia acerca de las razones.

Escribe El mensaje del autor de la canción es similar a lo que piensan los escritores de las lecturas porque _____

_____

_____

ACUÉRDATE

La letra me ayuda a entender cómo se siente el autor. Esto me ayuda a comparar la canción con las lecturas de esta semana.

Allí abajo

Tren de ferrocarril, tren de ferrocarril, apresúrate más;
Échale vapor como nunca antes.

Date prisa, date prisa, que estoy triste,

Anhelando mi costa de Swanee.

Amigo, si tan solo supieras, tú también quisieras.

— L. Wolfe Gilbert, 1921.

¿Quién escribió la Constitución de Estados Unidos?

Antología de literatura: páginas 90–105

 ¿De qué forma la nota al margen proporciona más información sobre el papel que desempeñó James Madison en el Plan Virginia?

COLABORA

Coméntalo Vuelve a leer la página 97. Comenta con un compañero o una compañera la importancia de la información en la nota al margen.

Cita evidencia del texto ¿Qué información contiene la nota al margen y cuál es su importancia? Completa el organizador gráfico.

Consejo de la semana

LECTURA ATENTA

Evidencia del texto	¿Cuál es su importancia?

Cuando **vuelvo a leer**, reflexiono sobre cómo la autora se sirve de las características del texto para organizar la información. Busco evidencia del texto para responder las preguntas.

Oscar

Escribe Con base en la nota al margen se deduce que _____

_____

_____

Hola Images/Getty Images

¿Cómo logra la autora crear suspenso en "El gran compromiso"?

Coméntalo Vuelve a leer las páginas 98 y 99. Comenta en parejas sobre la forma como la autora describe lo que sucedió el 2 de julio de 1787.

Cita evidencia del texto ¿Qué oraciones emplea la autora para crear suspenso? Escribe tu respuesta en el organizador gráfico.

ACUÉRDATE

Puedo utilizar estos marcos de oración cuando comento sobre cómo la autora crea suspenso.

La autora emplea oraciones para describir...

Esto crea suspenso porque...

Evidencia del texto	Crea suspenso...

Escribe La autora crea suspenso _____

_____

¿De qué forma te ayuda la autora a entender cómo cambió la actitud de Benjamin Franklin?

Coméntalo Vuelve a leer los párrafos 4 y 5 de la página 104. Comenta con un compañero o una compañera sobre lo que pensó Franklin acerca del tallado en el respaldo de la silla de Washington.

Cita evidencia del texto ¿De qué forma indica la apreciación de Franklin sobre el tallado un cambio en su perspectiva? Completa el organizador gráfico con evidencia del texto.

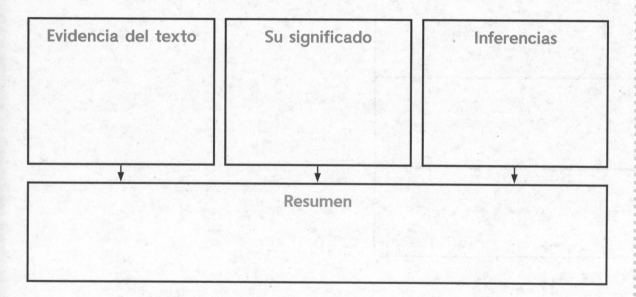

Evidencia del texto	Su significado	Inferencias

Resumen

Escribe Entiendo que la perspectiva de Franklin cambió porque _____

_____

Cuando **vuelvo a leer**, puedo utilizar las palabras y frases de la autora para entender cómo cambiaron las cosas.

Tu turno

¿Cómo te ayuda la autora a entender que las decisiones que los delegados tomaron no solo los afectaban a ellos sino al resto de los estadounidenses?

Candice Ransom usa las características del texto para...

La autora genera suspenso al...

Esto me ayuda a entender que los delegados...

¡Conéctate!
Escribe tu respuesta en línea.

"Pergamino y tinta"

1 La Declaración de Independencia y la Constitución de Estados Unidos expresan las ideas más perdurables de nuestra nación. Y son objetos físicos de 200 años de existencia que por haber sido escritas en tinta sobre pergamino son frágiles. El fuego, el agua, la luz solar y el aire pueden dañar los documentos. Por eso sorprende que aún podamos leer la Declaración y la Constitución originales. Se ha requerido el esfuerzo de muchas personas para preservar estos tesoros.

2 La Declaración se aprobó en julio de 1776. Poco tiempo después, el Congreso designó a una persona para que la escribiera a mano con tinta en letra legible. Se escribió con una pluma de ave sobre un pliego de pergamino, un material delgado y fuerte, hecho de piel de animal. Este documento fue firmado después por la mayoría de los miembros del Congreso.

3 La Declaración fue oficial y hermosa. Viajó con el Congreso desde Filadelfia hasta Baltimore y de regreso. En distintas épocas, permaneció en Pennsylvania y Nueva Jersey. Después fue trasladada a la nueva capital de la nación, Washington D. C. El documento fue trasladado muchas veces durante la Guerra de Independencia para protegerlo.

Vuelve a leer y haz anotaciones en el texto siguiendo las instrucciones.

Vuelve a leer el párrafo 1. Encierra en un círculo lo que tienen en común la Declaración de Independencia y la Constitución de Estados Unidos. Encierra en un cuadrado los cuatro motivos por los que pueden deteriorarse los documentos. Escribe tu respuesta:

1. _____

2. _____

3. _____

4. _____

COLABORA

Comenta con un compañero o una compañera lo que piensa el autor acerca de estos documentos originales. Subraya pistas del fragmento para apoyar tus ideas.

Al cuidado del bibliotecario

1   La Constitución no se deterioró tanto como la Declaración de Independencia. Fue trasladada con la Declaración en 1814. Después, la Constitución permaneció bajo el cuidado del Departamento de Estado hasta 1921. Ese año, los dos documentos se enviaron a la Biblioteca del Congreso.

2   El bibliotecario del Congreso los atesoró. Deseaba que la gente pudiera ver estos importantes documentos, pero también quería asegurarse de que estuvieran protegidos. Así que decidió ubicarlos en lo que denominó un "espacio sagrado", rodeado por mármol. Los documentos se enmarcaron pero quedaron protegidos de la luz natural con dos láminas de vidrio. Se agregó al vidrio un recubrimiento especial para aislar más la luz. Se apostó a un guardia para que protegiera los dos documentos.

Vuelve a leer el segundo párrafo. Encierra en un círculo lo que pensaba el bibliotecario con respecto a los documentos. Señala en el margen las medidas que el bibliotecario adoptó para proteger los documentos.

COLABORA

En parejas, observen la fotografía y lean el pie de foto. Comenten cómo se preservan estos documentos ¿Qué nueva información aprendiste? Subráyala en el pie de foto y encierra en un círculo la evidencia en la fotografía.

En 1951, la Declaración y la Constitución fueron selladas en urnas con helio. Después, estas urnas fueron abiertas cuidadosamente. Los documentos fueron estudiados antes de ser guardados en urnas nuevas. Los expertos tomaron muestras de la tinta para estudiar cómo protegerla mejor.

¿Por qué consideras que la autora escribió "Pergamino y tinta"?

COLABORA

Coméntalo Vuelve a leer los fragmentos de las páginas 37 y 38. Comenta con un compañero o una compañera sobre cómo la autora explica la forma en que se cuidaron y preservaron los documentos.

Cita evidencia del texto ¿De qué quiere la autora que te enteres sobre la Declaración de Independencia y la Constitución de Estados Unidos? Completa el organizador gráfico con evidencia del texto.

LECTURA ATENTA
ACUÉRDATE

Cuando **vuelvo a leer**, busco evidencia en el texto de la intención del autor.

Claves

↓

Propósito del autor

Escribe La autora escribió "Pergamino y tinta" para _____

¿Cómo te ayudan el fotógrafo y los autores de *¿Quién escribió la constitución de Estados Unidos?* y "Pergamino y tinta" a entender la manera de resolver los problemas de conservación?

COLABORA

Coméntalo Comenta con un compañero o una compañera lo que observas en la fotografía. Comenta sobre cómo se exhibe y conserva la Campana de la Libertad.

Cita evidencia del texto Observa la fotografía. Lee el pie de foto e identifica cómo la Campana de la Libertad ha sido protegida. Subraya la evidencia del texto en el pie de foto.

Escribe El fotógrafo y los autores me ayudan a entender cómo se

resuelven los problemas de conservación al _____

_____

ACUÉRDATE

Puedo ver en esta fotografía mucho más que solo la Campana de la Libertad. Puedo reflexionar acerca de lo que sugieren los detalles en la fotografía.

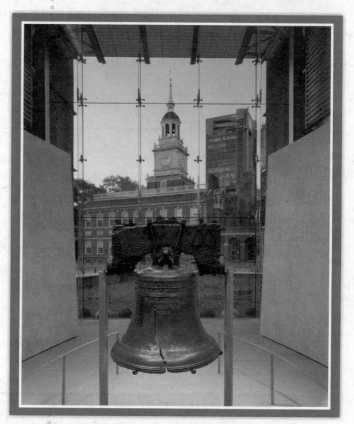

NPS Photo

La Campana de la Libertad se agrietó la primera vez que se la hizo sonar al llegar a Filadelfia. Fue moldeada nuevamente dos ocasiones más. Se encuentra en exhibición en el Liberty Bell Center.

El perro invisible

Antología de literatura:
páginas 112-125

¿De qué modos emplea el autor la personificación para configurar un ambiente y unos personajes fantásticos?

COLABORA

Coméntalo Lee la página 119. Comenta la información sobre las actividades que realizan los personajes que aparecen en esta página.

Cita evidencia del texto ¿Qué puedes inferir de las características de los personajes según las actividades que realizan a partir de lo que el autor dice en la página 119? Completa el organizador gráfico con evidencia del texto.

LECTURA ATENTA
Consejo de la semana

Cuando **vuelvo a leer**, pienso en cómo el autor utiliza el lenguaje figurado para ayudarme a visualizar las características y sentimientos de los personajes.

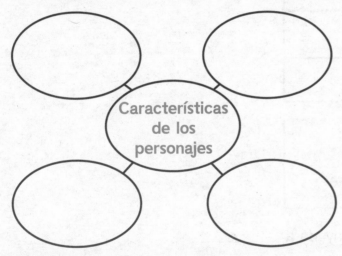

Características de los personajes

Kara

Escribe El autor emplea la personificación para configurar un ambiente y unos personajes fantásticos al _____

_____

_____

Jodi Matthews/iStock/360/Getty Images

¿Cómo emplea el autor algunos símiles para crear una imagen del ambiente de *El perro invisible*?

Coméntalo Lee las páginas 120 y 121. Comenta con un compañero o una compañera con qué compara el autor el plumaje del pavo.

Cita evidencia del texto ¿Cuál es el propósito del autor al hacer estas comparaciones? Escribe en el organizador las evidencias del texto que te permiten identificar el propósito del autor para hacer esto.

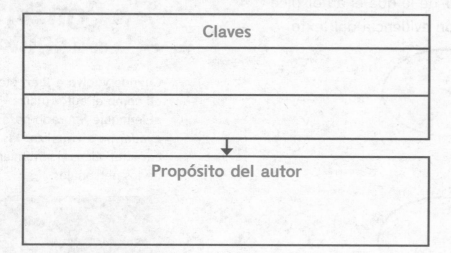

Claves

↓

Propósito del autor

Escribe La manera como el autor hace las comparaciones me ayuda a _____

_____

_____

¿Cómo relaciona el autor los rasgos de las personificaciones con el desarrollo de la trama?

COLABORA

Coméntalo Lee la página 122. Comenta con un compañero o una compañera por qué se atribuyen sentimientos y emociones humanas a los animales y objetos.

Cita evidencia del texto ¿Cuál es el propósito del autor al atribuirle estas características a los animales y objetos? Escribe en el organizador las evidencias del texto que te permiten identificar el propósito del autor en esta página.

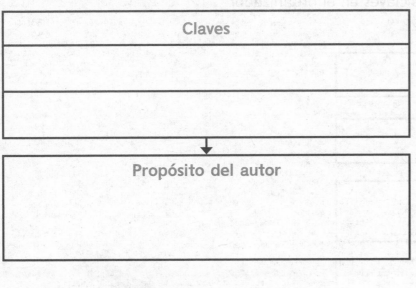

Claves

↓

Propósito del autor

Escribe El autor utiliza la personificación porque _____
_____
_____

ACUÉRDATE

Cuando **vuelvo a leer**, puedo pensar en cómo el autor estructura el relato.

Tu turno

Piensa en el mundo que el autor crea en el relato y en las estrategias que usa para plasmarle fantasía. ¿Cómo usa el autor el recurso de la personificación para crear una trama, unos personajes y un ambiente fantásticos?

Para crear un ambiente fantástico, el autor personifica…

Para darles fantasía a los personajes, usa personificaciones como…

La trama resulta fantástica gracias a la personificación porque…

¡Conéctate!
Escribe tu respuesta en línea.

"La princesa y el guisante"

¿Cómo emplea el autor la ilustración para ayudarle al lector a identificar los sentimientos del príncipe?

Coméntalo Lee la página 128. Comenta con un compañero o una compañera la ilustración y hablen de las claves que les dan más información del príncipe.

Cita evidencia del texto ¿Qué claves en la ilustración te dan información adicional del estado de ánimo del príncipe? Escribe las claves en el organizador gráfico y relaciónalas con la ilustración de la página 128.

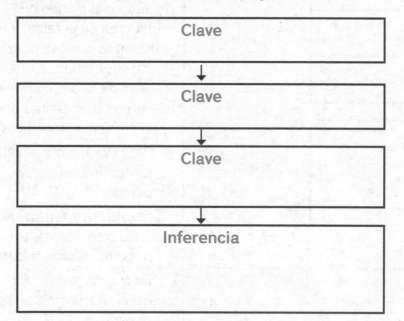

Clave

↓

Clave

↓

Clave

↓

Inferencia

Escribe El autor utiliza las ilustraciones para _____

_____

_____

Illustration: Piotr Parda; Reprinted by permission of XineAnn at artpassions.net.

🔍 **ACUÉRDATE**

Puedo usar las ilustraciones para entender el estado de ánimo y las motivaciones de un personaje.

La imagen ayuda a comprender el texto porque...

Con esta ilustración se pretende...

¿De qué manera el autor utiliza el lenguaje sensorial para narrar los eventos del cuento de hadas?

Coméntalo Vuelve a leer la página 129. Comenta con un compañero o una compañera qué imágenes utiliza el autor para describir el ambiente del relato.

Cita evidencia del texto ¿De qué manera el autor te ayuda a visualizar los sucesos y el ambiente del relato? Completa el organizador gráfico con evidencia del texto.

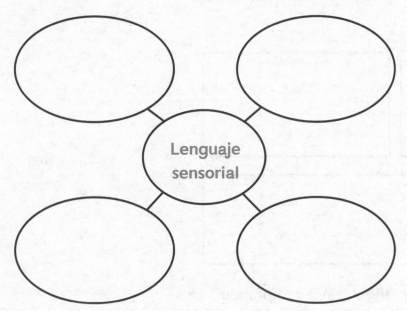

Lenguaje sensorial

Escribe El autor emplea el lenguaje sensorial para _____

_____

_____

ACUÉRDATE

Cuando **vuelvo a leer** el texto, puedo usar el lenguaje sensorial para visualizar el ambiente y los sucesos de un cuento de hadas.

El autor emplea el lenguaje sensorial para...

Esto me ayuda a entender el ambiente del relato porque...

A partir de la forma en la que el autor usa la prefiguración, ¿cómo entiendes el carácter de la anciana reina?

COLABORA

Coméntalo Vuelve a leer el párrafo 1 de la página 130. Comenta con un compañero o una compañera cuál es el plan de la reina.

Cita evidencia del texto ¿Por qué el hecho de seguir un plan prefigura el carácter de la reina? Escribe qué conclusión puedes sacar del carácter de la reina a partir de los pasos que lleva a cabo para ejecutar su plan. Completa el organizador gráfico.

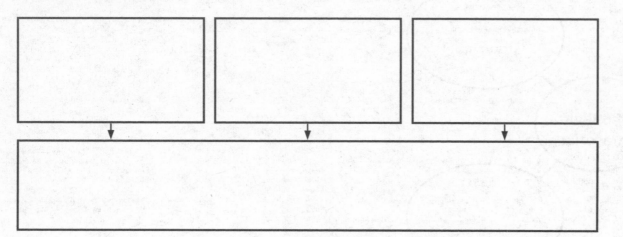

Escribe Con base en el uso que el autor hace de la prefiguración, comprendo que la reina es _____

_____

_____

ACUÉRDATE

Puedo utilizar estos marcos de oración cuando describo la forma como el autor emplea la prefiguración.

El autor emplea la prefiguración para...

Esto me ayuda a comprender que la reina es...

Integrar

¿Cómo es similar o diferente la manera en la que los personajes del poema encuentran la información que están buscando a los descubrimientos que aparecen en las lecturas de esta semana?

Coméntalo Comenta el poema con un compañero o una compañera. ¿De qué se está hablando? ¿Qué información aparece a lo largo del poema?

Cita evidencia del texto Encierra en un círculo pistas de cómo es un hipopótamo. Subraya las palabras y frases que explican el significado de la palabra hipopótamo.

Escribe Los personajes en el poema y en las lecturas descubren la

información que necesitan _____

_____

_____

_____

Ingram Publishing/SuperStock

ACUÉRDATE

Cuando leo el poema, veo palabras y frases en él que me ayudan a visualizar. Esto me permite comparar los textos.

El hipopótamo

"AH, dime, ¿qué es esta miedosa, salvaje e incorregible cosa?"

"Esta *criatura* (no digas "cosa", hijo mío; suena mal) —esta feroz criatura se conoce como El *Hipopótamo*.

Su curioso nombre proviene de dos palabras griegas: *hippos* – caballo *potamos* – río. ¿Ves?

Lo del río lo tengo claro; pero que digan que *eso* es un *caballo*, eso sí es griego para mí".

—Oliver Herford

El muchacho que dibujaba pájaros

 ¿Qué tipo de lenguaje emplea la autora para describir el vuelo del pájaro?

Antología de literatura: páginas 132–143

COLABORA

Coméntalo Vuelve a leer la página 134. Comenta con un compañero o una compañera sobre lo que se puede inferir de las descripciones acerca del vuelo de los pájaros.

Cita evidencia del texto A partir de las descripciones de la autora, ¿qué lenguaje utilizó la autora para describir el vuelo de los pájaros?

Descripción	Frases descriptivas

Escribe La autora emplea lenguaje sensorial para describir el vuelo del pájaro al _____

_____

_____

LECTURA ATENTA **Consejo de la semana**

Cuando **vuelvo a leer**, reflexiono sobre cómo el lenguaje sensorial me ayuda a visualizar las descripciones que hace la autora. Busco evidencia del texto para responder las preguntas.

Darius

Tom Grill/Getty Images

¿Por qué la autora menciona lo que opinaban otros científicos acerca de los pájaros?

Coméntalo Vuelve a leer la página 137. Comenta con un compañero o una compañera sobre lo que John James pensaba acerca de los escritos de Aristóteles y otros científicos de la época.

Cita evidencia del texto ¿Por qué la autora quiere informarte sobre lo que John James piensa acerca del trabajo de otros científicos con respecto a los pájaros? Escribe tu respuesta en el organizador gráfico.

ACUÉRDATE

Puedo utilizar estos marcos de oración cuando comento sobre el propósito de la autora.

La autora menciona que otros científicos creían...

Con base en esto, me doy cuenta de que John James...

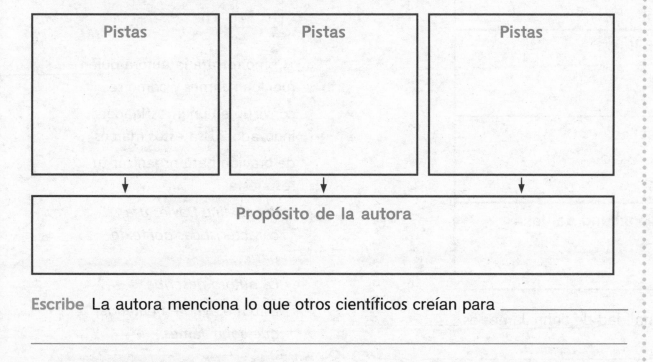

Pistas	Pistas	Pistas

↓ ↓ ↓

Propósito de la autora

Escribe La autora menciona lo que otros científicos creían para _____

_____

¿Qué sugiere la autora sobre la personalidad de John James?

COLABORA

Coméntalo Vuelve a leer la página 143. Comenta con un compañero o una compañera sobre cómo la autora describe la personalidad de John James.

Cita evidencia del texto ¿Qué detalles te da la autora sobre la personalidad de John James? Completa el organizador gráfico con evidencia del texto.

Detalles
Detalles
Detalles
Como es la personalidad de John

Escribe La autora sugiere que la personalidad de John James es _____

_____

ACUÉRDATE

Puedo basarme en detalles descriptivos de sucesos en una biografía para conocer al personaje con mayor facilidad.

Tu turno

¿Cómo retrata la autora quién fue John James y cómo se convirtió en un investigador innovador? Usa estos marcos de oración para organizar tu respuesta.

Jacqueline Davies usa características del texto para...

La autora describe...

Esto me ayuda a entender que John James...

¡Conéctate!
Escribe tu respuesta en línea.

"Dédalo e Ícaro"

¿De qué forma te ayuda el autor a comprender cómo se siente Dédalo con su plan?

COLABORA

Coméntalo Vuelve a leer la página 147. Comenta con un compañero o una compañera sobre cómo reacciona Dédalo ante las palabras de Minos.

Cita evidencia del texto ¿Qué pistas le permiten al lector comprender lo que siente Dédalo? Completa el organizador gráfico con evidencia del texto.

Detalles
Detalles
Detalles

↓

Cómo se siente Dédalo

Escribe El autor me ayuda a comprender cómo se siente Dédalo _____

_____

¿Cómo contribuye el uso de diálogos a que tengas una idea del tipo de persona que era Dédalo?

COLABORA

Coméntalo Vuelve a leer la página 148. Comenta con un compañero o una compañera sobre lo que aprendiste de Dédalo a partir de sus palabras.

Cita evidencia del texto ¿Qué palabras u oraciones emplea el autor para ayudarte a comprender el personaje de Dédalo? Completa el organizador gráfico con evidencia del texto.

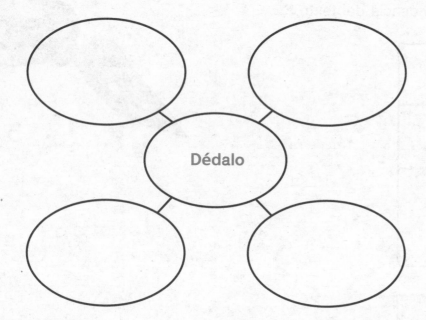

Dédalo

Escribe El autor emplea diálogos para ayudarme a comprender que Dédalo _____

_____

_____

ACUÉRDATE

Cuando **vuelvo a leer**, puedo prestar atención a los diálogos para aprender más sobre la personalidad de un personaje.

¿De qué forma el lenguaje sensorial que emplea el autor te permite comprender cómo se sintió Ícaro al volar?

COLABORA

Coméntalo Vuelve a leer el párrafo 6 de la página 148. Comenta con un compañero o una compañera sobre cómo se sintió Ícaro al volar.

Cita evidencia del texto ¿Cómo describe el autor el vuelo de Ícaro? Escribe tu respuesta en el organizador gráfico.

ACUÉRDATE
LECTURA ATENTA

Puedo utilizar estos marcos de oración cuando comento sobre el vuelo de Ícaro.

La autora describe el vuelo...

Con base en esto, logro entender por qué Ícaro...

Pistas del texto	Como se siente Ícaro	Su importancia

Escribe El lenguaje sensorial que emplea el autor me ayuda a comprender cómo se sintió Ícaro al volar _____

_____

_____

¿En qué se parece la forma en que la poeta describe las aves, a lo que el lector descubre en *El muchacho que dibujaba pájaros* y "Dédalo e Ícaro"?

COLABORA

Coméntalo Lee el poema. Comenta con un compañero o una compañera lo que aprendiste acerca de las golondrinas.

Cita evidencia del texto Encierra en un círculo las palabras y frases del poema que describen las estaciones. Subraya los detalles de las golondrinas. Encierra en un cuadrado la opinión de la poeta en cuanto a las golondrinas.

Escribe La forma cómo la poeta describe las aves es similar a los detalles mencionados en las lecturas porque _____

_____

_____

U.S. Fish & Wildlife Service/Chelsi Hornbaker

ACUÉRDATE

Los detalles que utiliza la poeta para describir la vida de las golondrinas me ayudan a comparar el poema con las selecciones que leí esta semana.

Una canción de aves

Hace ya casi un año que no la veo: Ah, el verano pasado lo verde era más verde, había menos espinas, el cielo era más azulado.

De seguro es verano pues hay una golondrina: si viene una golondrina, su pareja también llega, una carrera de aves se agiliza, gira y se estira.

Ah, feliz golondrina cuya pareja también llega ¡por encima, por debajo! Yo sería una golondrina para construir juntos en este clima nuestro nido.

—Christina Rossetti

La niña de la calavera

Antología de literatura:
páginas 150–161

¿? ¿Cómo te ayudan los regionalismos del relato a identificar el género del cuento?

COLABORA

Coméntalo Vuelve a leer la página 151. Luego, con un compañero o una compañera comenta qué regionalismos se emplean en la selección.

Cita evidencia del texto Dentro de la secuencia, Mallén habla con la machi. Define qué regionalismos se emplean en el relato para describir la conversación entre Mallén y la machi. Completa el organizador gráfico con evidencia del texto.

Evidencia	Género

Escribe Con base en los regionalismos, puedo identificar el género del relato porque _____

_____

Consejo de la semana
LECTURA ATENTA

Cuando **vuelvo a leer**, puedo identificar que el el propósito de la autora al emplear regionalismos en el relato es ayudarme a identificar el género de este.

Callie

JGI/Blend Images/Getty Images

¿De qué modo se relaciona el consejo que da la machi a Mallén con el desarrollo de la trama?

Coméntalo Vuelve a leer la página 155. Trabaja con un compañero o una compañera. Identifiquen la relación entre el consejo dado a Mallén con el desarrollo de la trama.

Cita evidencia del texto Dentro de la secuencia, Mallén habla con la machi. Define cuál es el problema de Mallén y cuál es su posible solución según el consejo de la machi. Completa el organizador gráfico.

ACUÉRDATE

Puedo utilizar estos marcos de oración cuando comento el problema en el relato y su posible solución.

El problema principal del personaje es...

La posible solución al problema es...

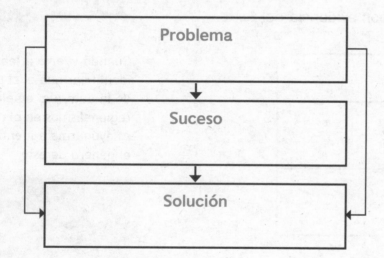

Problema

↓

Suceso

↓

Solución

Escribe El consejo que da la machi a Mallén se relaciona con el desarrollo de la trama porque _____

_____

¿Cómo plasma la autora algunas de las características del cuento folclórico en el suceso narrado?

COLABORA

Coméntalo Trabaja con un compañero o una compañera. Vuelvan a leer la página 159. Identifiquen las características de cuento folclórico que allí aparecen.

Cita evidencia del texto ¿Qué características te permiten identificar que el género de este relato es de cuento folclórico? Ten en cuenta estos aspectos para definir su género. Escribe tu respuesta en el organizador gráfico.

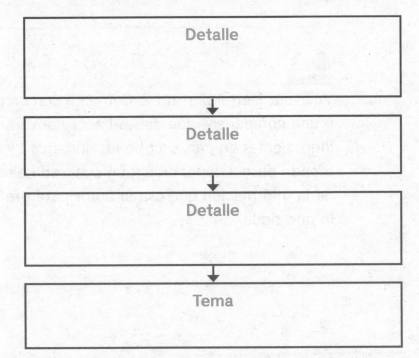

Detalle

↓

Detalle

↓

Detalle

↓

Tema

Escribe La autora plasma algunas de las características del cuento folclórico en el relato al _____

_____

ACUÉRDATE

Puedo resumir los encuentros entre Mallén y los animales, y luego compararlos e identificar lo que es común entre ellos. Esto sería el tema del relato.

Tu turno

Piensa en las características de los cuentos folclóricos que emplea la autora. ¿Cómo integra estas características en la trama y estructura del relato para comunicar su mensaje?

En la trama, las características del género...

En la estructura, las características del género...

Al integrar estas características en la trama y estructura, la autora...

¡Conéctate!
Escribe tu respuesta en línea.

"Del texto a la mesa"

1   Ya sea una princesa que se transforma en una paloma o un sapo que se convierte en un príncipe, muchos cuentos folclóricos y de hadas incluyen una transformación mágica de una cosa en otra. Aunque parece una tarea imposible que solo un mago podría hacer, las transformaciones pueden ocurrir en la vida real, ¡incluso en tu propia cocina!

Un plan astuto

2   A través del proceso de cocinar y hornear, los ingredientes separados se pueden transformar en algo delicioso. ¿Sabías que el pan del sándwich de tu almuerzo probablemente estaba hecho con solo seis ingredientes básicos: harina, agua, aceite, levadura, sal y azúcar? Parece imposible, pero al combinar y calentar estos ingredientes, creas algo diferente: pan. No es magia, pero requiere un plan.

Vuelve a leer y haz anotaciones en el texto siguiendo las instrucciones.

Vuelve a leer el párrafo 1. Encierra en un círculo las claves que usa el autor para ayudarte a entender qué es una transformación. Luego, subraya lo que piensa el autor sobre las transformaciones. Escríbelo aquí:

_____

_____

_____

Vuelve a leer el párrafo 2. Comenta con un compañero o una compañera qué debes hacer para transformar ingredientes en pan. Escribe los números 1 y 2 junto a cada paso. Luego, dibuja un cuadrado alrededor de la información que usa el autor para prefigurar lo que sigue.

Muy caliente, muy frío y en el punto

[1] Generalmente, una receta se ha ensayado y probado con anterioridad, por eso es importante seguir los pasos con cuidado para obtener el mismo resultado. Cambios ligeros en la temperatura pueden alterarlo. Por ejemplo, en el paso 1, el agua debe estar tibia, no caliente. ¿Por qué? Aunque es difícil de creer con solo mirarla, la levadura es un organismo vivo y, con la temperatura adecuada, emana gases que crean burbujas en la masa. Esto es lo que la hace crecer. Si usas agua caliente en la receta, puedes matar la levadura, y si usas agua fría, es posible que no cree gas o cree muy poco. Sin el gas que produce la levadura, la levadura no crecerá.

Vuelve a leer el párrafo 1. Subraya lo que el autor piensa que es importante a la hora de usar una receta. Encierra en un círculo lo que podría pasar si no la sigues.

COLABORA

Comenta con un compañero o una compañera cómo el autor usa relaciones de causa y efecto para organizar la información. Realiza una marca en el margen, junto a cada una de las relaciones de causa y efecto presentes en el párrafo. Escribe una de ellas aquí:

Causa	Efecto

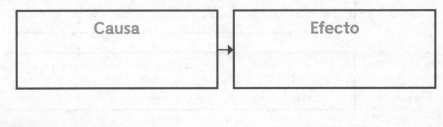

¿Por qué "Del texto a la mesa" es un buen título para esta selección?

Coméntalo Vuelve a leer el párrafo 1 de la página 164. Comenta con un compañero o una compañera cómo el autor introduce la selección y por qué esta introducción es importante.

Cita evidencia del texto ¿Cómo relaciona el autor los cuentos y las recetas? Registra la evidencia del texto en el siguiente organizador gráfico.

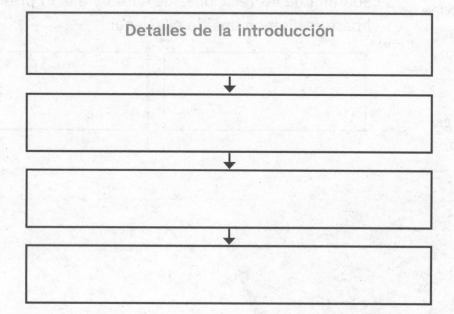

Detalles de la introducción

Escribe "Del texto a la mesa" es un buen título para la selección porque _____

_____

_____

_____

ACUÉRDATE

Cuando **vuelvo a leer**, presto atención a los detalles que conectan la información.

Con base en el boceto de los hermanos Wright, ¿cómo te ayuda un plan a llevar a cabo una tarea como en *La niña de la calavera* y "Del texto a la mesa"?

COLABORA

Coméntalo Comenta con un compañero o una compañera lo que muestran estos planos. Reflexiona y comenta por qué se observan cuatro planos y lo que esto nos revela de los hermanos Wright.

Cita evidencia del texto En la ilustración, encierra en un círculo tres cosas que muestren cómo es que los hermanos Wright iban a construir su máquina. En la margen de cada ilustración, escribe una palabra que describa lo que ves.

Escribe Con base en el boceto de los hermanos Wright, sé que un plan me ayuda a llevar a cabo una tarea al _____

_____

_____

_____

_____

ACUÉRDATE

Cuando observo los planos, pienso en el fin que tenían y en las personas que los dibujaron.

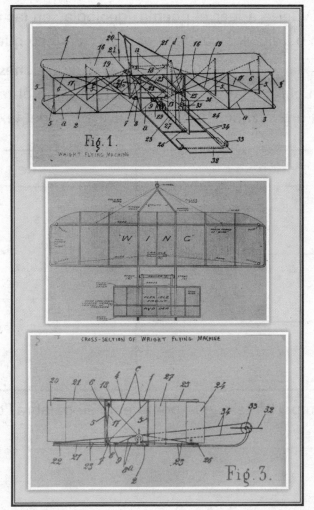

Los hermanos Wright dibujaron estos planos para su máquina voladora, en 1908.

Library of Congress Prints and Photographs Division (LC-USZ62-1277791)

"geología" e "Ilusión"

¿Por qué resulta importante que la poeta haya seleccionado palabras de tipo científico?

COLABORA

Coméntalo Vuelve a leer el poema "geología" en las páginas 168 y 169. Comenta en parejas las palabras de tipo científico que usa la poeta.

Cita evidencia del texto ¿Qué palabras y expresiones de tipo científico aparecen en el poema? ¿Cómo se relacionan con el tema del poema? Completa el organizador gráfico con evidencia del texto.

Evidencias	Relación

Escribe Es importante que la poeta emplee palabras de tipo científico porque

_____

_____

Antología de literatura:
páginas 168–170

Cuando **vuelvo a leer**, las palabras técnicas que aparecen en el poema me permiten comprenderlo.

Pete

¿De qué modo emplea la poeta la comparación para comunicar el sueño que quiere lograr?

Coméntalo Vuelve a leer "Ilusión" en la página 170. Comenta con un compañero o una compañera el sueño que tiene la voz poética.

Cita evidencia del texto ¿Qué comparaciones encuentras en la forma como la voz poética expresa su sueño? Completa el organizador gráfico con evidencia del texto.

Evidencia	Conclusión

Escribe La poeta emplea la comparación para comunicar el sueño que quiere lograr al _____

_____

 **ACUÉRDATE**

Puedo entender el mensaje de los poemas si presto atención a los recursos que usa el poeta.

Tu turno

Piensa en los dos sueños plasmados en los poemas y en las estrategias de vocabulario que las poetas emplean para comunicarlos. ¿Por qué las estrategias empleadas te permiten visualizar de un modo particular cada uno de estos sueños?

En "geología", la poeta sigue esta estrategia de vocabulario...

En "Ilusión", la poeta sigue la estrategia...

Con cada estrategia visualizo de forma diferente cada sueño porque...

¡Conéctate!
Escribe tu respuesta en línea.

"Clave"

¿Cómo te ayuda la ilustración a visualizar el ambiente del poema?

 **ACUÉRDATE**

Cuando **vuelvo a leer** un poema, presto atención a las ilustraciones que lo acompañan para entenderlo mejor.

Coméntalo Vuelve a leer el poema "Clave" de las páginas 172 y 173. Comenta con un compañero o una compañera lo que se ve en la imagen.

Cita evidencia del texto ¿Qué palabras del poema te describen lo que sucede en la imagen? Completa el organizador gráfico.

Evidencia del texto	Yo visualizo

Escribe La ilustración me ayuda a visualizar el ambiente del poema porque

_____

_____

¿Por qué describe la poeta el proceso de escritura de esta manera?

Coméntalo Vuelve a leer el poema "Clave". Comenta con un compañero o una compañera la manera cómo la poeta describe el proceso de escritura.

Cita evidencia del texto ¿Qué palabras evidencian la acción de escribir para la voz poética? Completa el organizador gráfico con evidencia del texto.

ACUÉRDATE

Puedo utilizar estos marcos de oración cuando comento lo que la voz poética dice de la escritura:

El proceso de escritura consiste en...

La escritura permite...

Evidencia	Inferencia

Escribe La poeta describe el proceso de escritura de esta manera porque _____

_____

_____

¿De qué manera la motivación de Althea Gibson es similar a la de las voces poéticas en "geología e Ilusión" y en "Clave"?

COLABORA

Coméntalo Observa la fotografía. Comenta con un compañero o una compañera si crees que el público podría influenciar en el desempeño de Althea Gibson.

Cita evidencia del texto Encierra en un círculo las evidencias de la foto y del pie de foto que pueden estar motivando a la jugadora. Encierra en un cuadrado lo que evidencia cómo se siente.

Escribe La motivación de Althea Gibson es similar a la de las voces poéticas

porque _____

_____

_____

_____

ACUÉRDATE

Observo cómo motiva el público a Althea para ganar el juego. Puedo compararlo con los poemas que vi esta semana.

Popperfoto/Getty Images

Althea Gibson durante la semifinal individual de mujeres en Wimbledon en 1958.

El árbol de las preguntas

¿Cómo puede inferirse el punto de vista del relato?

Antología de literatura: páginas 174-191

Coméntalo Vuelve a leer la página 175. Comenta con un compañero o una compañera las características del texto que te permiten inferir qué tipo de narrador hay.

Cita evidencia del texto ¿Qué tipo de narrador tiene el relato? Completa el organizador gráfico con evidencia del texto.

Evidencia del texto	Punto de vista

Escribe Infiero el punto de vista del relato a partir de _____

_____

_____

Consejo de la semana

Cuando **vuelvo a leer** presto atención a los pronombres personales, los adjetivos posesivos y verbos para identificar al narrador.

Chen

Yobro10/iStock/360/Getty Images

¿Por qué emplea la autora el recurso de mostrar el álbum de fotos, en lugar de describir su contenido en boca de la narradora?

COLABORA

Coméntalo Observa las ilustraciones de las página 178 y 179. Comenta en parejas qué relación hay entre las ilustraciones y el texto.

Cita evidencia del texto ¿Qué información hay en las ilustraciones? Completa el organizador gráfico.

Evidencia de las ilustraciones	Conclusión

Escribe Incluir un álbum de fotos me permite _____

_____

Puedo usar los siguientes marcos de oración para explicar la importancia del álbum de fotos.

El álbum de fotos me ayuda a...

Gracias al álbum puedo saber...

¿Por qué es importante que la narradora emplee expresiones coloquiales para explicar sus sentimientos y motivaciones?

COLABORA

Coméntalo Lee la frase "me puse como *Hulk* con dolor de muelas". ¿Qué significa esta expresión? Comenta con tus compañeros cuándo y por qué usarías esa expresión.

Cita evidencia del texto ¿Cómo habla la niña? ¿Te identificas con las expresiones que Isabel usa? ¿Cómo te ayudan a entender el texto? Anota tus respuestas en el organizador gráfico.

Pistas	Propósito de la autora

Escribe Al incluir expresiones coloquiales, puedo _____

_____

_____

 **ACUÉRDATE**

A medida que leo, identifico las expresiones coloquiales y las relaciono con el género de la selección.

Tu turno

Piensa en las distintas perspectivas presentes en el relato. ¿Cómo estructura la autora el texto para poner énfasis en la experiencia de la niña e incluir también las perspectivas de otros personajes sobre los sucesos narrados?

Para enfatizar la experiencia de Isa, la autora...

Para incluir otras perspectivas sobre los sucesos narrados, la autora...

Así, la estructura del relato está conformada por...

¡Conéctate!
Escribe tu respuesta en línea.

"¿De dónde vino eso?"

De mordisco...

[1] La comida es una de las maneras más comunes en que las personas comparten su cultura. Platos que creemos estadounidenses vienen de todas partes del mundo. Inmigrantes alemanes crearon las hamburguesas. Los italianos introdujeron los macarrones. Primero se sirvió pastel de manzana en Inglaterra, no en Estados Unidos.

... a ritmo

[2] Personas de diferentes orígenes también han aportado sonidos variados a la música que escuchamos. El hip hop y el rap, por ejemplo, se remontan a las narraciones de África occidental y el Caribe. La salsa proviene de un tipo de música cubana llamada "son", que se ha relacionado con la cultura española y con la africana. Estos géneros musicales le deben sus ritmos al tambor, que se encuentra en casi todas las culturas del mundo.

Vuelve a leer y haz anotaciones en el texto siguiendo las instrucciones.

Vuelve a leer el primer subtítulo y el párrafo 1. Subraya ejemplos que indiquen por qué es un buen encabezado para esta sección.

COLABORA

Vuelve a leer el segundo encabezado. Comenta en parejas la relación entre el primer y segundo subtítulo. Encierra en un círculo las evidencias que te permiten ver esta relación.

Vuelve a leer el párrafo 2. Encierra en un cuadrado la oración que te permite entender el subtítulo. ¿Cómo se sustenta el título de esta sección? Encierra en un círculo la evidencia del texto y escríbela aquí:

1. _____

_____

2. _____

Unidos por los deportes

4   Los deportes tienen sus orígenes en otros lugares. Los del fútbol se relacionan con diferentes países, como Italia y China. Es probable que el tenis provenga de Francia, pero algunos piensan que puede ser del antiguo Egipto. Aunque nadie conoce el origen de algunos de estos deportes, se consideran actividades populares estadounidenses.

5   Nuestra nación se ha enriquecido con la diversidad cultural. Y conocer los orígenes de lo que compone la cultura estadounidense nos puede llevar a tener un nuevo agradecimiento hacia las personas y los lugares de donde proviene.

Vuelve a leer los párrafos 4 y 5. Encierra en un círculo dos ejemplos empleados por el autor para sustentar el subtítulo de esta sección.

COLABORA

Comenta en parejas por qué es "Unidos por los deportes" un subtítulo adecuado. Haz una marca en el margen al lado de la evidencia del texto que sustenta tu respuesta.

Vuelve a leer el párrafo 4. Subraya el beneficio de la diversidad. Escríbelo aquí:

1. _____

A partir de los subtítulos, ¿cómo puedes entender mejor la influencia de otras culturas en Estados Unidos?

Coméntalo Vuelve a leer los encabezados de los fragmentos de las páginas 70 y 71. Comenta en parejas cuál es la relación entre los encabezados y lo que el autor quiere transmitir.

Cita evidencia del texto ¿En qué evidencia del texto se manifiesta la relación entre los encabezados y el texto? Completa el organizador gráfico.

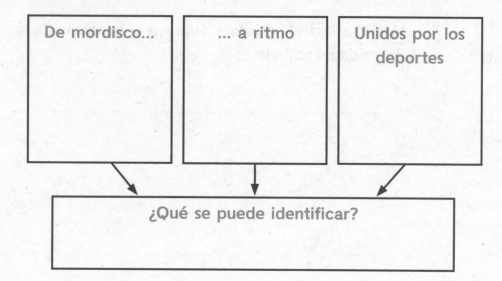

De mordisco...	... a ritmo	Unidos por los deportes

¿Qué se puede identificar?

Escribe Gracias a los encabezados, puedo entender _____

_____

_____

_____

 **ACUÉRDATE**

Cuando vuelvo a leer, me detengo en los subtítulos para entender el tema.

¿De qué manera se presenta la amistad en la canción, *El árbol de las preguntas* y "¿De dónde vino eso?"?

COLABORA

Coméntalo Lee la canción con un compañero o compañera. Comenta lo que se describe. ¿Por qué el cantante hace lo que hace?

Cita evidencia del texto Haz una lista de las cualidades del cantante. ¿Quién escribió la canción? ¿Por qué se preocupa?

Escribe El cantante muestra el valor de la amistad al _____

_____

_____

_____

_____

ACUÉRDATE

Cuando leo la canción, puedo buscar detalles que sugieren el significado de una verdadera amistad.

De lanterna na mão (Con una linterna en la mano)

Eu procurei,

de lanterna na mão,

procurei, procurei, e achei

Você para o meu coração. (Repetir)

E agora, e agora

eu vou jogar

minha lanterna fora. (Repetir)

Te busco con una linterna en mi mano.

Busco por aquí, busco por allá,

finalmente te encuentro y tú eres mi amigo. (repetir)

Te he encontrado, te he encontrado

y ahora puedo arrojar mi linterna. (repetir)

— Frances Frost

Buscalacranes

¿Por qué algunos rasgos de los sucesos narrados sirven como evidencia para clasificar el texto como fantasía?

COLABORA

Antología de literatura: páginas 196–209

Coméntalo Vuelve a leer las páginas 196 y 197. Comenta en parejas las características de los textos de fantasía.

Cita evidencia del texto ¿Qué detalles te permiten identificar el género del relato? Escribe tu respuesta en el organizador gráfico.

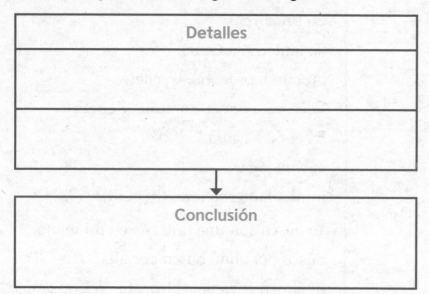

Detalles

Conclusión

LECTURA ATENTA

Consejo de la semana

Cuando **vuelvo a leer,** me detengo en los detalles del texto para saber qué genero es.

Miguel

Escribe Los rasgos de los sucesos narrados sirven para clasificar el texto como fantasía porque _____

_____

JGI/Blend/Image Source

¿Cómo emplea el autor algunos recursos para describir de manera divertida los sentimientos de los niños?

COLABORA

Coméntalo Vuelve a leer la página 203. Comenta con un compañero o una compañera los sentimientos de Los Tres luego de la discusión con Elías.

Cita evidencia del texto ¿Qué descripciones en la narración y el diálogo hacen divertido el relato? Escribe tu respuesta en el organizador gráfico.

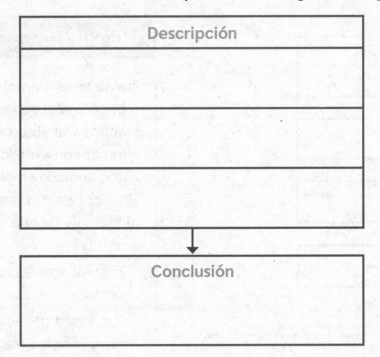

Descripción

↓

Conclusión

Escribe El autor describe de una manera divertida los sentimientos de los niños al _____

_____

_____

LECTURA ATENTA
ACUÉRDATE

Puedo utilizar estos marcos de oración cuando comento cómo describe el autor de manera divertida la reacción de los niños:

Al exagerar la reacción de los niños, el autor...

Esta descripción es divertida porque...

¿Por qué resulta divertida la narración de cómo recupera Östengruff la llave?

COLABORA

Coméntalo Vuelve a leer las páginas 208 y 209. Comenta con un compañero o una compañera cómo se recupera la llave.

Cita evidencia del texto ¿Qué aventuras tiene Östengruff cuando recupera la llave? Completa el organizador gráfico.

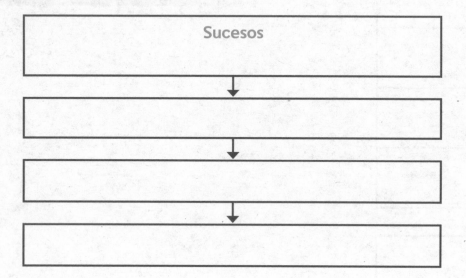

Sucesos

Escribe La narración es divertida porque _____

_____

_____

Tu turno

Piensa en el mensaje del relato sobre cómo el conocimiento, la práctica y el autocontrol facilitan afrontar con éxito los problemas. ¿De qué modo emplea el autor algunos recursos para transmitir su mensaje de una manera divertida?

El autor emplea recursos como...

Por medio del empleo de estos recursos transmite su mensaje, pues...

Esto resulta divertido porque...

¡Conéctate!
Escribe tu respuesta en línea.

"Plantas con propósito"

1 Una planta, muchos usos

Algunas personas ingeniosas han encontrado numerosas maneras de usar las plantas que crecen en su región. El bambú, por ejemplo, es un tipo de planta que crece en las partes tropicales del mundo. Puede crecer rápida y estrechamente. Esto lo convierte en un cultivo útil. Las personas pueden cocinar y comer los brotes de bambú. Sin embargo, crudo, es un material de construcción muy fuerte. Se usa en cercas, puentes y casas. Se puede usar para tejer cestas y esterillas. Incluso se ha desarrollado un proceso para suavizarlo y elaborar tela.

2 El maíz, una planta del hemisferio occidental, también tiene usos variados. Es un alimento básico y se emplea para alimentar ganado. Además, se convierte en combustible, plástico y textiles.

Vuelve a leer y haz anotaciones en el texto siguiendo las instrucciones.

Encierra en un círculo la evidencia del texto que te indica el punto de vista del autor sobre las personas que utilizan plantas para diversos fines. Escríbela aquí:

Numera en el margen del primer párrafo las formas como las personas utilizan el bambú.

COLABORA

Vuelve a leer el segundo párrafo. Comenta con un compañero o una compañera cómo se puede utilizar el maíz. Subraya evidencia del texto que sustente tu respuesta.

Las plantas inspiran invenciones

3 Las plantas también han sido modelo para materiales nuevos. Por ejemplo, el caucho es un material manufacturado a partir de una sustancia que proviene de un árbol. Del árbol del caucho sale savia que se puede procesar para hacerla muy duradera y flexible. Los científicos descubrieron una manera de fabricar caucho cuando estudiaron la savia de la planta. Los seres humanos fabrican aproximadamente el 70% de todo el caucho que se usa hoy en día. Pero sin estos árboles especiales, es posible que nunca hubiéramos creado este material útil.

Reemplazo de lo que usamos

4 Cultivamos plantas para suplir muchas necesidades diferentes. Por ello es importante que no agotemos ni sobreexplotemos la tierra donde se cultivan. Las plantas que se cosechan se deben reemplazar. Los cultivos se deben rotar para que se restauren los nutrientes del suelo que gastaron. Con estas prácticas, aseguramos la supervivencia de los seres vivos y abrimos la posibilidad para más usos innovadores.

El caucho con el que se elaboran las gomas de borrar proviene de una sustancia natural, la savia del árbol tropical de caucho.

Vuelve a leer el párrafo 3. Encierra en un círculo un ejemplo de cómo te ayuda el autor a entender de qué manera las plantas inspiran invenciones.

COLABORA

Vuelve a leer el párrafo 4. Comenta con un compañero o una compañera lo que piensa el autor acerca de las plantas. Subraya la evidencia del texto que sustente tu respuesta.

¿Por qué "Reemplazo de lo que usamos" es un buen encabezado para la sección? Incluye evidencia del texto para apoyar tu respuesta. Escríbela aquí:

_____

_____

_____

¿En qué piensa el autor al hablar de reemplazar las plantas que empleamos?

COLABORA

Coméntalo Vuelve a leer el fragmento de la página 78. Comenta con un compañero o una compañera por qué el autor te informa sobre el cuidado de las plantas.

Cita evidencia del texto ¿Qué detalles te permiten comprender el punto de vista del autor? Escribe tu respuesta

Detalles	Punto de vista del autor

Escribe Al hablar de reemplazar las plantas que empleamos, el autor piensa que _____

_____

 **ACUÉRDATE**

Cuando vuelvo a leer, puedo prestar atención a la evidencia del texto para entender el punto de vista del autor.

¿En qué se parece la descripción que realiza el poeta sobre el pájaro a las acciones presentadas en Buscalacranes y "Plantas con propósito"?

COLABORA

Coméntalo Lee el poema. Comenta con un compañero o una compañera las acciones del pájaro.

Cita evidencia del texto Encierra en un círculo las evidencias que te indican cómo interactúa el ave con el mundo que lo rodea. Luego encierra en un recuadro lo que está haciendo la voz poética. _____

_____

Escribe La descripción del poeta sobre el ave es similar a las acciones en *Buscalacranes* y en "Plantas con propósito" en _____

_____

_____

_____

ACUÉRDATE
Cuando leo el poema, puedo reflexionar acerca de cómo refleja la vida real.

Por el camino vino un pájaro

Por el camino vino un pájaro:
Él no sabía que yo lo veía;
partió una lombriz en dos
y cruda se la comió.
Y luego bebió el rocío
de un trozo cercano de hierba,
y luego saltó hacia la pared
para dar paso a un cucarrón.

— Emily Dickinson

La historia de la nieve

¿De qué manera te generan los autores mayor interés sobre los cristales de nieve al incluir fotografías y pies de foto?

COLABORA

Coméntalo Observa las fotografías y lee los pies de foto de las páginas 218 y 219. Comenta en parejas qué te permiten comprender.

Cita evidencia del texto ¿Qué información adicional se puede obtener de las fotografías y los pies de foto? Escribe tu respuesta en el organizador gráfico.

Antología de literatura: páginas 214-227

Evidencia	¿Qué se puede entender?

Radius Images/Getty Images

Escribe Los autores me generan mayor interés con las fotografías y los pies de foto al _____

_____

Consejo de la semana

LECTURA ATENTA

Cuando **vuelvo a leer**, las fotografías y los pies de foto me permiten entender mejor el tema. Busco evidencia del texto para responder las preguntas.

Samantha

¿De qué forma organizan los autores la información para ayudarte a entender más sobre los cristales de nieve?

COLABORA

Coméntalo Observa las páginas 220 y 221. Comenta con un compañero o una compañera las estrategias que los autores emplean para organizar la información y qué puedes aprender de esta.

Cita evidencia del texto ¿Cómo organizan los autores la información sobre los cristales de nieve? Completa el organizador gráfico.

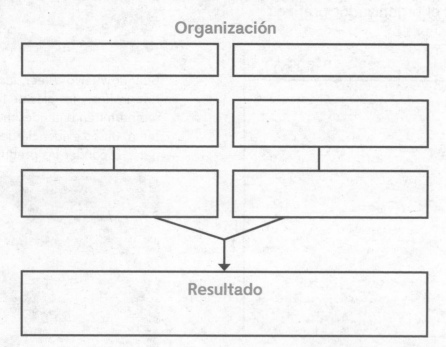

Organización

Resultado

Escribe Los autores organizan la información de los cristales de nieve al _____

_____

_____

¿De qué manera te generan los autores mayor interés sobre los cristales de nieve por medio de los pies de foto?

COLABORA

Coméntalo Vuelve a leer el pie de foto de la página 225. Comenta en parejas la información que te presenta.

Cita evidencia del texto ¿Qué evidencias del texto te indican cómo observar los cristales de nieve? Escribe tu respuesta en el organizador gráfico.

Evidencia del texto	Yo identifico

Escribe Los autores me generan mayor interés sobre los cristales por medio de los pies de foto al _____

_____

ACUÉRDATE

Cuando vuelvo a leer, presto atención a los pies de foto para aprender más sobre el tema.

Tu turno

¿Cómo te facilita la forma como Mark Cassino y Jon Nelson presentan la información para entender los cristales de nieve? Utiliza estos marcos de oración para organizar tu respuesta.

Mark Cassino y Jon Nelson organizan la información...

Los autores utilizan las características del texto para...

Esto me facilita entender...

¡Conéctate!
Escribe tu respuesta en línea.

"El asombroso hallazgo de Fibonacci"

1. ¿Qué tienen en común los números 1, 1, 2, 3, 5, 8, 13, 21 y 34? Estos son los primeros números de la secuencia de Fibonacci, una serie de números que un matemático, llamado Fibonacci, calculó hace más de 800 años. Pero eso no es todo lo que tienen en común. Estos números también se pueden encontrar en la naturaleza, por ejemplo, en el número de pétalos de las flores.

Margarita amarilla: 13 pétalos

Botón de oro: 5 pétalos

Lirio: 3 pétalos

Vuelve a leer y haz anotaciones en el texto siguiendo las instrucciones.

Subraya la información que te permite entender qué es la secuencia de Fibonacci.

COLABORA

Comenta con un compañero o una compañera dónde puedes identificar la secuencia de Fibonacci. Encierra en un círculo las frases del texto y los detalles de las fotografías que sustenten tu respuesta.

¿Cómo logra el autor cautivar al lector al inicio de la lectura? Encierra en un recuadro la oración que responde esta pregunta.

Margarita blanca: 34 pétalos

Los números de la secuencia de Fibonacci se pueden hallar en los números de pétalos de muchas flores.

1   Siglos después, se encontraron estos números en la naturaleza. Los naturalistas descubrieron que el patrón de crecimiento de algunos seres vivos reflejaba los números de Fibonacci. El caracol nautilo, un animal marino, agrega una nueva cámara a su concha a medida que crece. Cada cámara adicional es de la misma forma que la anterior, pero más grande. Esto mantiene la forma de la concha. El diagrama y las instrucciones siguientes ilustran cómo se produce un patrón que refleja la secuencia.

Encierra en un círculo las evidencias que te permiten entender qué es un caracol nautilo. Haz una marca en el margen al lado de la evidencia del texto que sustente cómo mantiene el caracol nautilo la forma de su concha.

COLABORA

Comenta con un compañero o una compañera cómo contribuye el diagrama a la comprensión del texto. Numera cada cámara del diagrama desde la más pequeña.

Lee el pie de foto y observa la fotografía. Subraya la evidencia del pie de foto que describe el interior de la concha. Delinea la forma espiral de la concha del caracol.

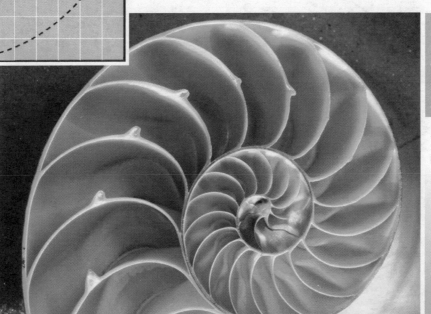

Seth Joel Photography/Cultura/Getty Images

El corte transversal del caparazón de un caracol nautilo revela una repetición de curvas y una forma en espiral.

¿De qué modo te ayuda el autor a entender la secuencia de Fibonacci?

COLABORA

Coméntalo Vuelve a leer los fragmentos de las páginas 84 y 85. Comenta en parejas los recursos que emplea el autor para explicar la secuencia de Fibonacci.

Cita evidencia del texto ¿Cómo presenta el autor la información? Completa el organizador gráfico con evidencia del texto.

ACUÉRDATE

Cuando vuelvo a leer, presto atención a las características del texto para entender mejor el tema.

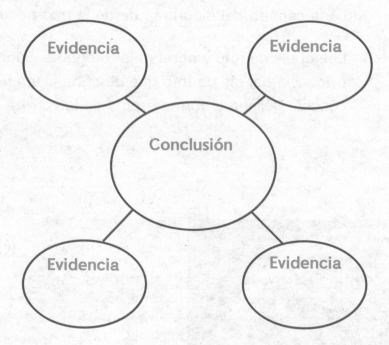

Evidencia

Evidencia

Conclusión

Evidencia

Evidencia

Escribe El autor me ayuda a entender la secuencia de Fibonacci mediante

_____

¿En qué se parece la forma como Van Gogh emplea patrones en su pintura a los patrones presentados en *La historia de la nieve* y en "El asombroso hallazgo de Fibonacci"?

COLABORA

Coméntalo Observa la pintura. Comenta con un compañero o una compañera el patrón que forman las flores.

Cita evidencia del texto Dibuja líneas sobre la pintura para separar las filas y las columnas. Luego encierra en un círculo los patrones que ves en la pintura.

Escribe La forma como Van Gogh emplea los patrones es similar a los patrones presentados en las selecciones en

_____

_____

_____

_____

_____

ACUÉRDATE

Al observar un patrón en la pintura, puedo compararlo con los que vi en las selecciones de esta semana.

El artista holandés Vincent Van Gogh pintó "Camas de flores en Holanda" alrededor del año 1883. Es un óleo sobre lienzo.

Courtesy National Gallery of Art - Washington

La cola de Winter

Antología de literatura:
páginas 234–247

 ¿Cómo te permiten los autores entender que el personal del acuario se preocupa por Winter?

COLABORA

Coméntalo Vuelve a leer las páginas 238 y 239. Observa las fotografías. Comenta con un compañero o una compañera la ayuda que le brinda el personal a Winter cuando es llevada al acuario.

Cita evidencia del texto ¿Qué evidencias del texto y la fotografía revelan los sentimientos de los entrenadores por Winter? Completa el organizador gráfico.

Consejo de la semana

Cuando **vuelvo a leer,** presto atención al texto y las fotografías para entender mejor el tema. Busco evidencia del texto para responder las preguntas.

Evidencia del texto	Detalles de la fotografía	Yo identifico

Escribe Los autores me permiten entender la preocupación del personal por la salud de Winter al _____

_____

Yolanda

Sandy Jones/Stockbyte/Getty Images

¿Cómo te ayudan los autores a visualizar qué tenía que evaluar el equipo de expertos para la creación de la prótesis de Winter?

COLABORA

Coméntalo Vuelve a leer la página 243. Comenta en parejas lo que tuvo que considerar el equipo mientras creaba la prótesis.

Cita evidencia del texto ¿Qué palabras u oraciones te permiten visualizar lo que considera el equipo mientras crea la prótesis de Winter? Escribe tu respuesta en el organizador gráfico.

 **ACUÉRDATE**

Puedo utilizar estos marcos de oración cuando comento sobre el equipo de expertos:

El autor emplea palabras y oraciones para ayudarme a entender que el equipo...

Esto me permite visualizar...

Evidencia del texto	Lo que visualizo

Escribe Los autores me ayudan a visualizar lo que tuvo que considerar el equipo

_____

_____

¿De qué manera te revelan los autores que Winter continuará teniendo un impacto en las personas que la ayudaron?

Coméntalo Vuelve a leer la página 247. Comenta con un compañero o una compañera lo que tendrá que hacer el equipo.

Cita evidencia del texto ¿Qué evidencias te permiten comprender que el equipo seguirá ayudando a Winter? Escribe tu respuesta en el organizador gráfico.

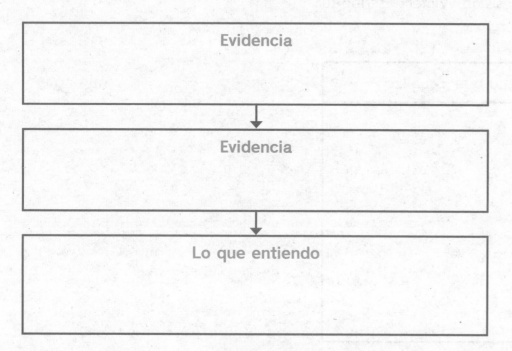

Evidencia

Evidencia

Lo que entiendo

Escribe Los autores me revelan que Winter continuará teniendo un impacto en las personas que la ayudaron al _____

_____

 **ACUÉRDATE**

Cuando vuelvo a leer, presto atención a las palabras y oraciones de los autores para entender cómo Winter continuará teniendo un impacto en los demás.

Tu turno

¿Cómo te ayudan los autores a entender cómo la historia de Winter ha inspirado a muchas personas? Utiliza estos marcos de oración para organizar tu respuesta.

Los autores muestran que el personal del acuario...

Los autores hacen referencia a personas que...

Esto me ayuda a entender cómo Winter...

¡Conéctate!
Escribe tu respuesta en línea.

"Manos auxiliadoras"

Una necesidad inspira

1   Las reglas de la competencia les pedían a los participantes proponer maneras nuevas e innovadoras de ayudar a curar, reparar o mejorar el cuerpo humano. Uno de los miembros del grupo, Kate Murray, comprendía las dificultades que puede enfrentar la gente con una lesión o discapacidad. Kate nació con una malformación en la mano izquierda, pero eso no le impedía realizar actividades. Cuando decidió que deseaba aprender a tocar el violín, ella y su mamá trabajaron con un equipo de especialistas para diseñar un dispositivo artificial que le permitiera tocar un arco.

2   Las monas voladoras se preguntaban si podrían crear algo similar para la competencia. Cuando una de sus exploradoras escuchó hablar de Danielle Fairchild, una niña de tres años que nació sin dedos en la mano derecha, Las monas voladoras hallaron su motivo de inspiración.

Vuelve a leer y haz anotaciones en el texto siguiendo las instrucciones.

Subraya la frase que evidencia la razón por la que Kate Murray comprende lo que sienten las personas con lesiones o discapacidades.

Encierra en un círculo las palabras o frases que te indican aspectos de la personalidad de Kate.

COLLABORATE

Vuelve a leer el párrafo 2. Comenta en parejas cómo las monas voladoras encontraron su fuente de inspiración. En el margen, haz una marca junto a la evidencia del texto que sustente tu respuesta.

¿Por qué "Una necesidad inspira" es un buen encabezado para esta sección? Utiliza la evidencia del texto para responder la pregunta. Escríbela aquí:

_____

_____

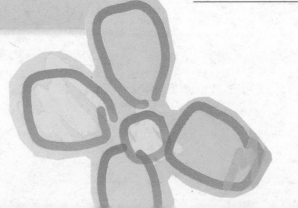

Presentación de BOB-1

1   Al poco tiempo, Las monas voladoras se concentraron en un diseño final de su invento, al que llamaron BOB-1. Usaron una sustancia plástica **flexible**, un soporte para lápices y broches con cierre para asegurarlo. Todos estaban a la expectativa sobre qué tan bien se acoplaría a la mano de Danielle. Más aún, era muy sencillo de diseñar y poco costoso. ¿Por qué nadie había pensado antes en diseñar un aparato como este?

2   Las monas voladoras crearon volantes, un portafolio e incluso una presentación para llevar a la competencia y mostrar su invento. Los jueces estaban impresionados.

3   Las monas voladoras ganaron el premio a la innovación, a nivel regional y estatal. Desde entonces, estuvo en la ronda mundial del concurso, donde el BOB-1 sería juzgado junto a otros 178 participantes de 16 países. El equipo ganador recibiría $20,000 para seguir desarrollando el producto.

Vuelve a leer el párrafo. Subraya la frase que describe el BOB-1.

Vuelve a leer el párrafo 2. Encierra en un círculo la frase que indica qué hizo el grupo en la competencia para impresionar a los jueces. Haz una lista de lo que hicieron.

1. _____

2. _____

3. _____

COLABORA

Vuelve a leer el párrafo 3. Comenta con un compañero o una compañera lo que sucedió en la competencia y lo que Las monas voladoras hicieron después. Encierra en un recuadro la frase que te indica de qué se trataba la ronda mundial del concurso.

¿De qué manera organiza el autor la información para ayudarte a entender qué hicieron Las monas voladoras para crear el BOB-1?

Coméntalo Vuelve a leer los fragmentos de las páginas 91 y 92. Comenta con un compañero o una compañera lo que hicieron las monas voladoras.

Cita evidencia del texto ¿Qué recursos emplea el autor para organizar el texto? Completa el organizador gráfico.

Organización

Escribe El autor organiza la información para ayudarme a entender la creación del BOB-1 _____

_____

_____

 **ACUÉRDATE**

Cuando vuelvo a leer, presto atención a la forma como el autor organiza la información para entender mejor el texto.

¿De qué manera los avances tecnológicos permiten al equipo de bomberos de la litografía y a los equipos descritos en *La cola de Winter* y "Manos auxiliadoras" a ayudar a otros?

COLABORA

Coméntalo Observa la litografía y lee el pie de foto. Las bombas de agua que aparecen son de motor a vapor. Esto se consideraba nueva tecnología en aquella época. Comenta en parejas lo que ves en la ilustración.

Cita evidencia del texto Observa la litografía. Encierra en un recuadro las detalles que indican que las bombas de agua funcionaban a vapor. Luego, encierra en un círculo todas las actividades que los bomberos realizan. A continuación subraya las evidencias del pie de foto que sustentan el título de la litografía.

Escribe Los avances en la tecnología ayudan a los bomberos y a los equipos de las selecciones al _____

_____

_____

_____

_____

ACUÉRDATE

Observo en la ilustración que el motor a vapor permitía a los bomberos realizar un mejor trabajo. Esto me permite compararla con las selecciones que leí esta semana.

Library of Congress Prints and Photographs Division [LC-DIG-pga-00811]

"La vida de un bombero: La nueva era. Vapor y Músculo", es una litografía creada en 1861 por Charles Parsons. Fue parte de una serie titulada "Vida de un bombero"

Machu Picchu: ciudad antigua

¿De qué forma organiza el autor la información para ayudarte a entender su punto de vista?

COLABORA

Coméntalo Vuelve a leer la sección "El trato real" de la página 255. Comenta con un compañero o una compañera cómo proporciona el autor información para justificar su opinión.

Cita evidencia del texto ¿Qué frases u oraciones emplea el autor para organizar la información? Completa el organizador gráfico.

Detalles

↓

Punto de vista del autor

Escribe Los autores organizan la información para comunicar su punto de vista al _____

Antología de literatura: páginas 254–257

Consejo de la semana
LECTURA ATENTA

Cuando **vuelvo a leer,** puedo prestar atención a cómo el autor organiza la información para poder entender su punto de vista. Busco evidencia del texto para responder las preguntas.

Marta

¿De qué forma te ayudan los autores a visualizar el Templo del Sol?

COLABORA

Coméntalo Vuelve a leer el cuarto párrafo de la página 256. Comenta con un compañero o una compañera el aspecto del Templo del Sol.

Cita evidencia del texto ¿A partir de qué palabras u oraciones puedes visualizar el Templo del Sol? Escribe tu respuesta en el organizador gráfico.

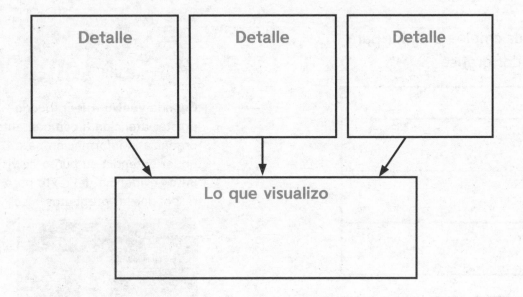

| Detalle | Detalle | Detalle |

Lo que visualizo

Escribe Los autores me ayudan a visualizar el Templo del Sol al _____

_____

_____

Tu turno

¿Cómo usan los autores detalles para sustentar su punto de vista? Utiliza estos marcos de oración para organizar tu respuesta:

El autor de "El trato real"…

El autor de "Mirada en el cielo"…

Gracias a los detalles puedo entender que cada autor…

¡Conéctate!
Escribe tu respuesta en línea.

¡Investiga esta tecnología!

1   Otra herramienta que usan parece una cortadora de pasto. El "radar de penetración terrestre" (GPR, por sus siglas en inglés) usa un radar para localizar artefactos bajo tierra. El radar hace rebotar ondas de radio sobre un objeto para mostrar su ubicación. El siguiente diagrama muestra cómo ayuda el radar a encontrar objetos.

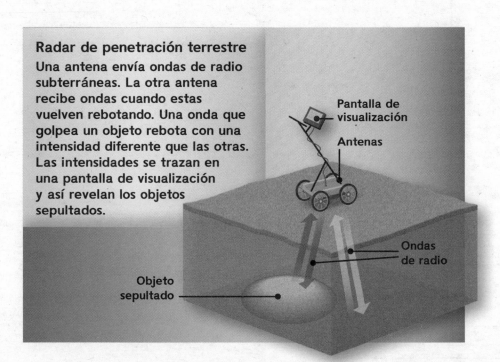

Radar de penetración terrestre
Una antena envía ondas de radio subterráneas. La otra antena recibe ondas cuando estas vuelven rebotando. Una onda que golpea un objeto rebota con una intensidad diferente que las otras. Las intensidades se trazan en una pantalla de visualización y así revelan los objetos sepultados.

Pantalla de visualización

Antenas

Ondas de radio

Objeto sepultado

Vuelve a leer y haz anotaciones en el texto siguiendo las instrucciones.

Encierra en un círculo la información descriptiva mediante la cual se puede entender el aspecto del radar de penetración terrestre. Subraya la información que evidencie lo que hace el GPR.

COLABORA

Observa el diagrama. Comenta con un compañero o una compañera lo que se describe en el pie de foto y lo que observas en el diagrama. A partir de esta información, ¿cómo puedes entender mejor la función del GPR? Incluye evidencia del texto y escribe tu respuesta aquí:

_____

_____

_____

¿Cómo te permite la información del diagrama entender cómo encuentran y analizan los científicos los restos arqueológicos?

COLABORA

Coméntalo Vuelve a leer el fragmento de la página 97 y observa el diagrama. Comenta con un compañero o una compañera lo que se muestra en el diagrama.

Cita evidencia del texto ¿Qué pistas del diagrama evidencian la forma como los científicos encuentran y analizan los restos arqueológicos sepultados? Escribe tu respuesta en el organizador gráfico.

Evidencia	Lo que puedo entender

Escribe Gracias al diagrama, puedo entender _____

_____

_____

¿Cómo la fotografía y los autores de *Machu Picchu: ciudad antigua* e "Investiga esta tecnología" te ayudan a entender cómo aprenden las personas del pasado al reconstruirlo e investigarlo?

COLABORA

Coméntalo Observa la fotografía. Lee el pie de foto. Comenta con un compañero o una compañera lo que está haciendo el paleontólogo.

Cita evidencias del texto Encierra en un cuadrado las pistas en la fotografía que te permiten saber lo que el Dr. Ross está haciendo. Encierra en un círculo algunas de las cosas que él hace para reconstruir el esqueleto. En el pie de foto, subraya la evidencia del texto que explica para qué está preparando el esqueleto.

Escribe Puedo entender cómo el reconstruir e investigar acerca del pasado ayuda a las personas a aprender más porque _____

_____

_____

_____

Library of Congress Prints and Photographs Division (LC-USZ62-127774)

ACUÉRDATE

Veo pistas en la fotografía que me ayudan a entender cómo aprendemos sobre el pasado. Esto me permite compararla con las selecciones que leí esta semana.

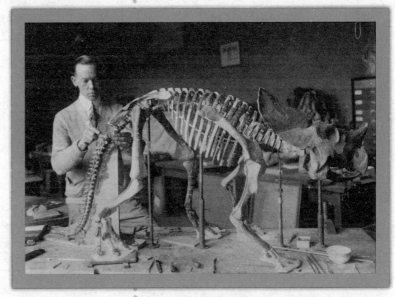

Fotografía de Norman Ross, paleontólogo, preparando un esqueleto de un bebé dinosaurio para una exhibición. Ross trabajaba en el Museo Nacional. La fotografía fue tomada en 1921.

Tulia y la tecla mágica

¿Cómo construye la autora personajes exagerados?

Coméntalo Vuelve a leer las páginas 264 y 265. Comenta en parejas lo que pueden hacer las personas y los animales en el relato.

Cita evidencia del texto A partir de las descripciones de los personajes, ¿qué palabras recrean un ambiente fantástico? Completa el organizador gráfico.

Evidencias	Conclusión

Escribe La autora construye personajes exagerados a partir de _____

_____

_____

Antología de literatura: páginas 260-275

Consejo de la semana
LECTURA ATENTA

Cuando **vuelvo a leer,** presto atención a la personificación de los personajes y la fantasía para entender el texto.

Karim

Image Source/Getty Images

¿Cómo emplea la autora algunos recursos para crear un ambiente adecuado al género del cuento?

 COLABORA

Coméntalo Vuelve a leer las páginas 266 y 267. Comenta en parejas cómo está organizado el lugar del concierto y quiénes participan.

Cita evidencia del texto ¿Qué evidencias del texto te describen la organización del concierto? Completa el organizador gráfico.

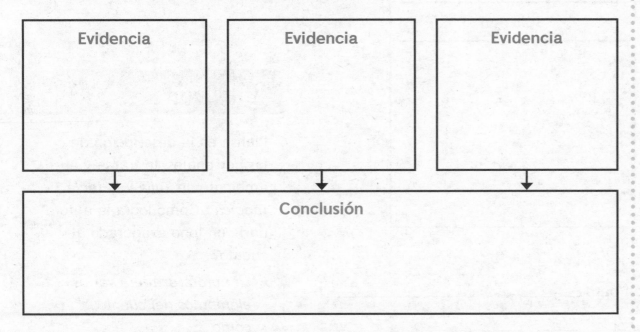

Evidencia	Evidencia	Evidencia

Conclusión

Escribe Los recursos que emplea la autora para crear un ambiente adecuado me permiten _____

_____

_____

 **ACUÉRDATE**

Puedo usar los siguientes marcos de oración para hablar sobre los recursos que emplea la autora para crear un ambiente exagerado:

La autora emplea la personificación y la fantasía porque...

Esto me permite entender que el relato...

¿Cómo emplea la autora la exageración en el desarrollo de la trama?

COLABORA

Coméntalo Vuelve a leer las páginas 274 y 275. Comenta en parejas los problemas que deben enfrentar los protagonistas al final del relato.

Cita evidencia del texto ¿Cómo se utiliza la exageración en la solución que los personajes dan a los problemas?

Problema	Solución

Escribe La autora emplea la exageración para _____

_____

_____

ACUÉRDATE

Al prestar atención al recurso de la exageración puedo entender la personificación y la fantasía.

Tu turno

Piensa en la descripción de los personajes, la trama y el ambiente de *Tulia y la tecla mágica*. ¿Cómo logra la autora darle un tono exagerado al cuento?

La autora exagera varios elementos del cuento, como…

Así, logra darle un tono exagerado al cuento, ya que…

¡Conéctate!
Escribe tu respuesta en línea.

"Cómo la Abuela Araña se robó el Sol"

¿Qué importancia tiene en la narración que dos animales hayan tratado de robar el Sol sin ningún éxito?

 **ACUÉRDATE**

Cuando vuelvo a leer, pienso en cómo el autor emplea patrones para describir una secuencia de la historia.

COLABORA

Coméntalo Vuelve a leer la página 279. Comenta en parejas lo que sucedió antes de que la Abuela Araña intentara robar el Sol.

Cita evidencia del texto ¿Qué les sucede a los dos primeros animales que intentaron robar el Sol? Completa el organizador gráfico.

Evidencia del texto	Inferencia

Escribe En la narración, es importante que dos animales no tuvieran éxito al robar el Sol porque _____

_____

_____

Ilustración: Lisa Desimini

¿De qué forma la repetición de palabras te permite entender el personaje del Buitre?

Coméntalo Vuelve a leer el segundo párrafo de la página 280. Comenta en parejas lo que hace el Buitre.

Cita evidencia del texto ¿Qué palabras u oraciones se repiten? ¿Por qué es importante la repetición? Completa el organizador gráfico.

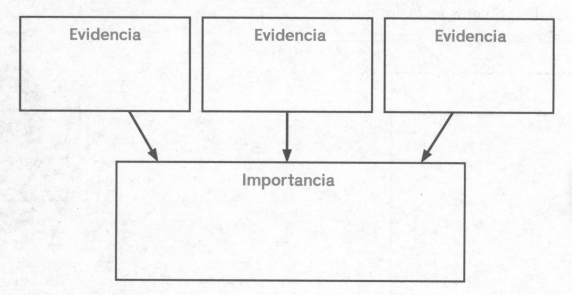

| Evidencia | Evidencia | Evidencia |

Importancia

Escribe El autor repite palabras para ayudarme a entender que _____

_____

ACUÉRDATE

Los siguientes marcos de oración me permiten hablar sobre cómo el autor emplea la repetición.

El autor repite palabras y oraciones...

Gracias a esto, puedo entender que el Buitre es...

Ilustración: Lisa Desimini

¿De qué forma el lenguaje sensorial contribuye a la comprensión del mensaje de la leyenda?

COLABORA

Coméntalo Vuelve a leer la página 281. Comenta en parejas lo que hizo cada uno de los animales que aparecen en el fragmento.

Cita evidencia del texto ¿Qué evidencias del texto te ayudan a entender el mensaje de la leyenda? Completa el organizador gráfico.

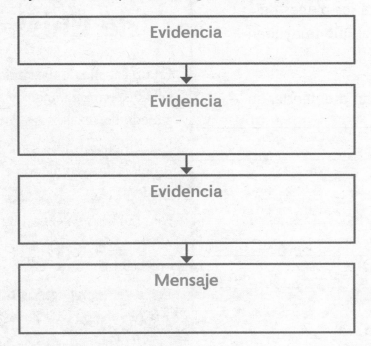

Evidencia

↓

Evidencia

↓

Evidencia

↓

Mensaje

Escribe El lenguaje sensorial me ayuda a entender el mensaje de la leyenda porque _____

_____

Ilustración: Lisa Desimini

¿De qué manera la forma como el compositor te ayuda a entender la trama de su canción es similar a como lo hacen los autores en *Tulia y la tecla mágica* y en "Cómo la Abuela Araña se robó el Sol"?

Coméntalo Lee la canción. Comenta en parejas el tema de la canción y cómo el compositor organiza los eventos narrados.

Cita evidencias del texto Subraya oraciones que te evidencien lo que el personaje de la canción va a hacer. Sobre el texto, numera los planes del personaje de la canción. Encierra en un círculo las palabras que te ayudan a visualizar el ambiente de la canción.

Escribe El compositor y los autores de los textos me ayudan a entender su canción y relatos mediante _____

_____

_____

_____

ACUÉRDATE

Las secuencias me ayudan a visualizar la letra de una canción. Lo comparo con las lecturas de esta semana.

El viejo camino de Chisholm

En un caballo de diez dólares y una silla de cuarenta, me voy a arrear ese ganado de Texas.

Es tocineta y fríjoles casi siempre. Muy pronto estaré comiendo el heno de la pradera.

Está nublado en el oeste y parece que hay lluvia, y yo dejé mi viejo poncho en el camión otra vez.

Voy a ver a mi jefe, voy por mi dinero, para volver a casa a ver a mi amor.

El reglamento es el reglamento

¿? ¿Cómo te permiten las didascalias entender mejor el inicio del texto?

COLABORA

Antología de literatura: páginas 282-290

Coméntalo Vuelve a leer la página 283. Comenta con un compañero la información sobre el ambiente, los personajes y la trama que se desarrolla en esta sección.

Cita evidencia del texto ¿Qué palabras y expresiones específicas te detallan algún tipo de información? Escribe tu respuesta en el organizador gráfico.

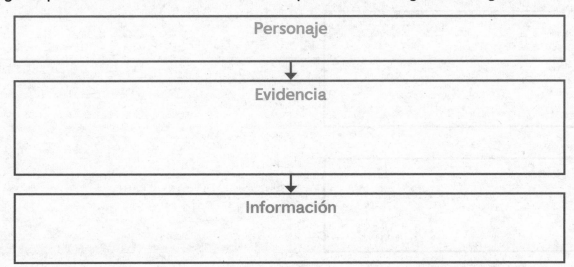

Personaje

↓

Evidencia

↓

Información

Escribe Las palabras entrecortadas me permiten entender mejor el inicio del texto porque _____

_____

_____

LECTURA ATENTA **Consejo de la semana**

Cuando **vuelvo a leer,** presto atención a la información sobre los detalles que me permiten comprender mejor el texto.

Reggie

Donna Coleman/Getty Images

¿Cómo te ayudan las ilustraciones a entender mejor las emociones de los personajes?

COLABORA

Coméntalo Vuelve a leer las páginas 284 a 285 y observa la ilustración. Comenta con un compañero quiénes aparecen en la ilustración y qué está pasando.

Cita evidencia del texto ¿Qué emociones expresan los personajes en las imágenes? Anota en el organizador la información que puedes extraer de la ilustración.

Personaje	Emoción

Escribe Las ilustraciones me ayudan a entender mejor las emociones de los

personajes porque _____

_____

_____

 **ACUÉRDATE**

Puedo usar los siguientes marcos de oración para hablar sobre las ilustraciones en el texto:

Las ilustraciones son el complemento del texto porque...
Con el uso de ilustraciones, puedo comprender...

¿? **¿Cómo te permite el cartel entender la trama de la obra?**

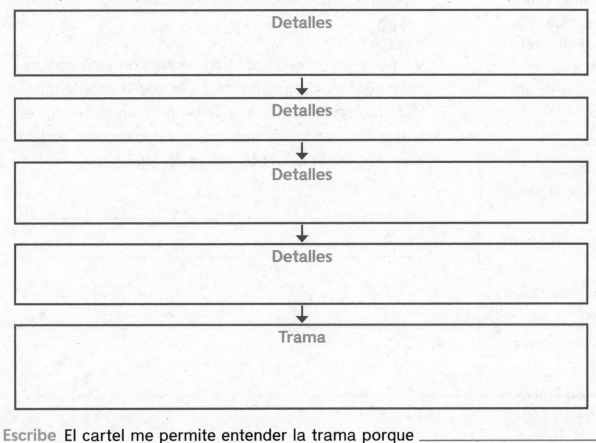

COLABORA

Coméntalo Vuelve a leer las páginas 286 y 287. Comenta en parejas la orden escrita en el cartel del supermercado.

Cita evidencia del texto ¿Por qué el mensaje del cartel desata un conflicto en el supermercado? Completa el organizador gráfico.

Detalles

↓

Detalles

↓

Detalles

↓

Detalles

↓

Trama

Escribe El cartel me permite entender la trama porque _____

_____

ACUÉRDATE

Puedo utilizar estos marcos de oración cuando comento la relación entre el cartel y la trama:

El cartel dice que... y la trama trata la situación de...

La relación entre el cartel y los sucesos es...

Tu turno

Piensa en la relación entre los diálogos y los otros recursos incluidos en la obra. ¿Por qué te permiten estos recursos comprender la diferencia entre el punto de vista de los personajes?

La autora emplea algunos recursos como...

Estos me permiten comprender la diferencia entre el punto de vista de los personajes porque...

¡Conéctate!
Escribe tu respuesta en línea.

"Una segunda oportunidad para Roco"

1   El invierno pasado, cuando nos dimos cuenta de que Roco subía de peso, mi mamá dijo: "Necesita más ejercicio". Mamá es entrenadora de fútbol y todo lo soluciona con ejercicio. Ella pensó que una puerta para perros en la cocina podría ayudar, así que en la primavera compró un equipo para hacerla y yo me ofrecí para ayudar. "Muchas manos hacen rápido el trabajo", dijo Mamá y empezamos la labor.

2   ¿Martilleo en la cocina? Debajo de la cama.

3   Después de instalar la puerta, Roco adelgazó bastante, veinte libras para ser preciso. Aunque parecía ser un logro, el veterinario tenía sus sospechas.

4   —Ahora está por debajo del peso normal —reportó el veterinario—. ¿Está comiendo bien?

5   —Come bastante —contesté—. Lleno su plato todas las noches y todas las mañanas está vacío.

6   —¿No lo come inmediatamente? —dijo el veterinario.

7   —Supongo que espera a que todos estemos dormidos —contestó mi mamá a modo de explicación—. A Roco le da miedo el sonido del lavaplatos.

8   ¿Borboteo del lavaplatos? Debajo de la cama.

Vuelve a leer y haz anotaciones en el texto siguiendo las instrucciones.

En el primer párrafo, subraya la solución que encuentra Mamá para tratar el aumento de peso de Roco. Encierra en un círculo las palabras u oraciones que revelen la personalidad de Mamá.

COLABORA

Vuelve a leer el resto del fragmento. Comenta con un compañero o compañera sobre lo que le sucede a Roco. Haz una marca al margen de las pistas que evidencien lo que hace cada vez que oye un ruido extraño en la casa. Escribe la evidencia del texto aquí:

_____

_____

Ilustración: Tom Newsom

1   —¿Estás sugiriendo que la señora Stenforth está equivocada?

2   —Ella ni siquiera conoce a Roco —dije.

3   ¿Qué pasa cuando un vecino golpea o hace sonar el timbre de la puerta? Debajo de la cama

4   Toqué suavemente la puerta de Roco con mi pie y se balanceó. Sorprendido de que hubiera respondido a una presión tan suave, miré más detenidamente y noté unos rayones en la pintura, unas marcas que parecían demasiado pequeñas para ser de Roco. Pero el perro era nuestra única mascota. ¿Algo más podría estar ocasionando todos estos problemas? Tenía que investigar.

5   Esa noche, metí una linterna debajo de mi almohada y esperé. Cerca de la medianoche oí las uñas de las patas de Roco en el piso, y luego unos pasos que crujían mientras bajaba las escaleras. Un minuto después, su puerta para perros se abrió y se cerró. Salí de mi cama con mi linterna, pero antes de poder dar otro paso, Roco venía disparado subiendo las escaleras y se escondió debajo de la cama.

Ilustración: Tom Newsom

Vuelve a leer y haz anotaciones en el texto siguiendo las instrucciones.

Vuelve a leer los párrafos 1, 2 y 3. Encierra en un círculo la información que evidencie lo que hace Roco cuando oye un vecino golpear la puerta o hacer sonar el timbre. Escribe la evidencia del texto aquí:

_____

_____

COLABORA

Vuelve a leer los párrafos 4 y 5. Comenta con un compañero o compañera sobre cómo el autor emplea palabras u oraciones para generar suspenso. Subraya evidencia del texto para apoyar tu respuesta.

¿Por qué repite el autor la frase "debajo de la cama" en varias partes de la narración?

COLABORA

Coméntalo Vuelve a leer las páginas 110 y 111. Comenta con un compañero o compañera por qué el autor proporciona ejemplos de cuando Roco se asusta por ruidos fuertes.

Cita evidencia del texto ¿Qué palabras u oraciones revelan lo que aterroriza a Roco? Escribe evidencia del texto en el organizador gráfico.

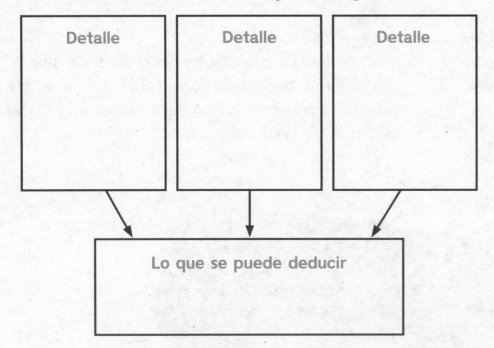

| Detalle | Detalle | Detalle |

Lo que se puede deducir

Escribe El autor repite la frase "debajo de la cama" para mostrar que Roco

_____

_____

Ilustración: Tom Newsom

¿Qué crees que descubre el poeta cuando da una segunda mirada a su flecha? ¿Qué sucede similar en las lecturas de esta semana?

COLABORA

Coméntalo Comenta el poema con un compañero o una compañera. ¿Qué se menciona al inicio y qué se menciona al final?

Cita evidencia del texto Vuelve a leer el poema. En parejas encierra en un círculo las semejanzas entre la flecha y la canción. Luego, subraya las diferencias entre ellas. Luego, en el margen haz una marca frente a las líneas que demuestran que dar una segunda mirada es importante.

Escribir Cuando el autor da una segunda mirada, descubre que _____

_____

_____

Tanto la flecha como la canción sobreviven, intactas. Encontrar la canción "en el corazón de un amigo" sugiere que el amigo y la voz poética tienen un vínculo tan fuerte que ni el tiempo ni el espacio lo pueden deshacer.

ACUÉRDATE

Cuando leo el poema, pienso acerca de cómo una segunda mirada a cualquier cosa puede revelarme su verdadera identidad.

La flecha y la canción

Disparé una flecha al aire, en tierra cayó.

No supe en dónde dio

pues tan velozmente voló

que la vista

no pudo seguir su pista.

Respiré una tonada al aire, en tierra cayó.

No supe en dónde dio

pues ¿quién posee una vista tan aguda y fornida

que pueda seguir el vuelo de una tonada?

— Henry Wadsworth Longfellow

El rey de las octavas

¿Por qué te permite la selección de palabras de la autora visualizar y comprender la manera como se siente Claudio?

Antología de literatura: páginas 296-313

Coméntalo Vuelve a leer la página 297 del texto. Comenta con un compañero quién era el personaje, qué hacía y a dónde iba.

Cita evidencia del texto ¿Qué palabras y frases te muestran cómo se sentía Claudio en ese momento? Completa el organizador gráfico.

Consejo de la semana

LECTURA ATENTA

Cuando **vuelvo a leer,** presto atención al lenguaje descriptivo que aparece al inicio del texto.

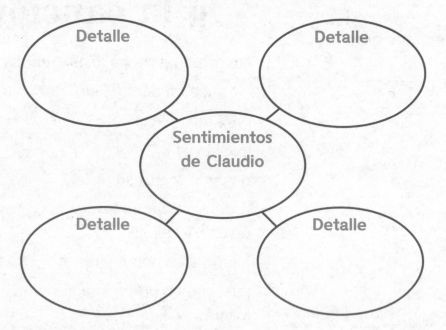

Detalle

Detalle

Sentimientos de Claudio

Detalle

Detalle

Brandon

Escribe La selección de palabras de la autora me permite visualizar y comprender la manera como siente Claudio los sucesos porque _____

_____

¿Por qué resulta importante que la autora incluya información precisa sobre fechas y nombres propios de lugares en la narración?

COLABORA

Coméntalo Vuelve a leer la página 310 del texto. Comenta con un compañero de qué manera logra llegar Claudio a París.

Cita evidencia del texto ¿Cuál es el objetivo de Claudio al llegar a París? ¿Qué tan difícil fue esa experiencia? Completa el organizador gráfico con evidencia del texto que te permita identificar la importancia de estos sucesos.

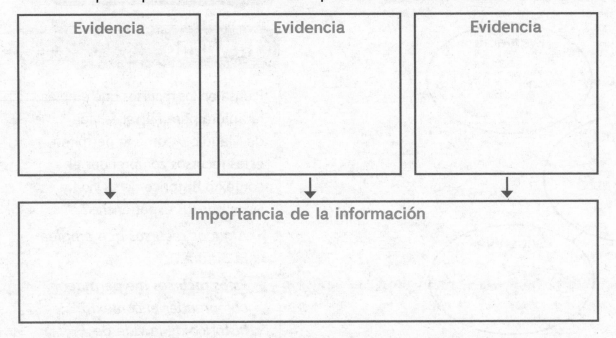

| Evidencia | Evidencia | Evidencia |

Importancia de la información

Escribe Resulta importante que la autora incluya información precisa sobre fechas y nombres propios de lugares en la narración porque _____

_____

_____

Puedo usar los siguientes marcos de oración para hablar sobre los detalles enriquecedores que incluye la autora.

La autora incluye detalles enriquecedores como fechas y lugares específicos porque...

Con esta información la autora busca...

¿Por qué es importante que la autora finalice el relato con la ilustración de Claudio sentado sosteniendo el violín?

Coméntalo Observa con detenimiento la ilustración de la página 313 y vuelve a leer lo que allí está escrito. Comenta con un compañero los detalles más importantes de la imagen.

Cita evidencia del texto ¿Qué aspectos importantes para la trama del relato te señalan la ilustración? Completa el organizador gráfico con evidencia del texto.

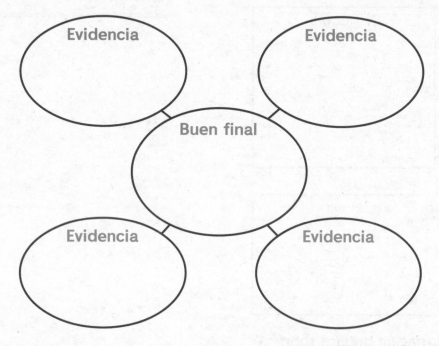

Escribe Es importante que la autora finalice el relato con la ilustración de la página 313 porque _____

_____

_____

 **ACUÉRDATE**

Puedo usar estos marcos de oración para identificar la relación entre las imágenes y el propósito de la autora.

La ilustración muestra ____ y el propósito es...

La relación entre la ilustración y el propósito de la autora consiste en...

Tu turno

Piensa en los recursos que emplea la autora para narrar la vida de Claudio. ¿Cómo te permiten estos recursos comprender el contexto histórico de su vida y visualizar sus experiencias?

Algunos recursos que emplea la autora...

Estos recursos me permiten comprender el contexto histórico de la vida de Claudio al...

También, me permiten visualizar sus experiencias al...

¡Conéctate!
Escribe tu respuesta en línea.

"Nuestras voces, nuestros votos"

Derechos para los afroamericanos

[1] A comienzos del siglo XIX, muchos grupos de mujeres se unieron a los abolicionistas para exigir la igualdad de derechos. Los abolicionistas eran personas que querían terminar con la esclavitud. Creían que la libertad era un derecho natural. Las mujeres marcharon con ellos para protestar. Algunos ayudaron a las personas esclavizadas a escapar hacia lugares donde pudieran ser libres. Más de 300 personas se reunieron en una convención en Seneca Falls, Nueva York, en 1848. Analizaron cómo los derechos de las mujeres estaban unidos a otros movimientos de derechos sociales y civiles. Algunos voceros pidieron que el sufragio, o derecho al voto, fuera una prioridad para los afroamericanos y las mujeres.

[2] Después de la Guerra Civil, el gobierno aprobó la Decimotercera Enmienda, que prohibía la esclavitud. Tres años después, esta enmienda les garantizó derechos de ciudadanos a los libertos. En 1870, la Decimoquinta Enmienda les dio a los varones de todas las razas el derecho al voto. Aunque muchas mujeres apoyaron estas causas, aún no podían votar. La pelea estaba lejos de terminarse.

Vuelve a leer y haz anotaciones en el texto siguiendo las instrucciones.

En el párrafo 1, encierra en un círculo la oración mediante la cual se explique quiénes eran los abolicionistas.

Subraya la oración que evidencie en qué se parecían los abolicionistas y las mujeres que pedían el derecho al voto.

COLABORA

Vuelve a leer el párrafo 2. Comenta con un compañero o compañera sobre cómo el autor organiza la información. Numera el orden de los cambios en la ley al margen de cada cambio.

Sufragio de la mujer

3   Las mujeres continuaron con su lucha por el sufragio a nivel nacional, estatal y local. Algunas estaban tan indignadas que desafiaron las leyes de voto e intentaron emitir votos. Estos actos de desobediencia civil resultaron en multas. Algunas mujeres terminaron en la cárcel.

4   Aunque el sufragio de la mujer siguió siendo impopular entre muchos hombres, la idea quedó arraigada en algunas áreas. En 1869, Wyoming fue el primer estado que dejó votar a las mujeres. Durante los siguientes veinte años, otros cuatro estados les dieron este derecho.

5   Las mujeres comenzaron a unir fuerzas, apropiándose de las ideas de grupos de mujeres de otros países. Algunas contrataron cabilderos o personas que trataron de convencer a los políticos para que votaran de cierta manera. Otras celebraron manifestaciones para generar conciencia. Las peticiones, apoyadas con miles de firmas, exigían que se enmendaran las leyes del país.

6   El presidente Woodrow Wilson estuvo de acuerdo en que una democracia real no debía negarles este derecho. Con su apoyo, el Congreso redactó la Decimonovena Enmienda. En 1920, se aprobó.

Vuelve a leer y haz anotaciones en el texto siguiendo las instrucciones.

¿Cómo sabes que el sufragio era un asunto importante para las mujeres? En el párrafo 3, subraya pistas que evidencien la gran lucha que representó este asunto.

Vuelve a leer el párrafo 5. Encierra en un círculo los métodos que adoptaron las mujeres para intervenir. Escríbelos aquí:

1. _____

2. _____

3. _____

4. _____
_____

COLABORA

Comenta con un compañero o compañera sobre cómo el presidente Woodrow Wilson influyó para que las mujeres obtuvieran el derecho al voto. Encierra en un cuadrado la evidencia del texto para apoyar tu respuesta.

¿Por qué "Nuestras voces, nuestros votos" es un buen título para esta lectura?

COLABORA

Coméntalo Vuelve a leer el párrafo 5 de la página 118. Comenta con un compañero o compañera cómo las mujeres unieron fuerzas para generar cambios en la ley.

Cita evidencia del texto ¿A partir de qué palabras u oraciones puedes entender cómo se unieron las mujeres para cambiar la ley electoral? Completa el organizador gráfico con evidencia del texto.

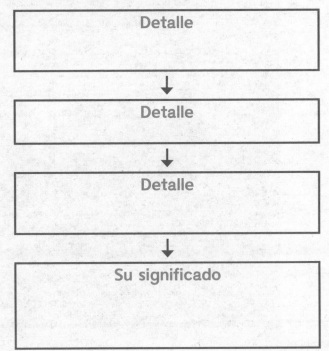

Detalle

↓

Detalle

↓

Detalle

↓

Su significado

Escribe "Nuestras voces, nuestros votos" es un buen título para esta lectura

porque _____

ACUÉRDATE

Cuando vuelvo a leer, reflexiono sobre la razón por la cual el autor incluye características del texto.

¿De qué manera crees que las personas de la fotografía están uniéndose para provocar un cambio igual al que provocaron Claudio y las sufragistas?

COLABORA

Coméntalo Comenta la imagen con un compañero o compañera. Comenta acerca de lo que estos hombres están haciendo. ¿Qué se anuncia en la valla y cómo se contrasta con lo que hacen estos hombres?

Cita evidencia del texto Observa la imagen con un compañero o compañera. Encierra en un círculo cómo estos hombres manifiestan su posición frente a los viajes o frente a la forma de viajar. Una posición. Subraya a qué cosa se oponen ellos.

Escribe Los hombres en esta fotografía y las personas en las lecturas de esta semana luchan por cambiar _____

_____

_____

_____

_____

ACUÉRDATE

Puedo utilizar los detalles en la fotografía y puedo compararlos con lo que he leído.

"Hacia Los Ángeles, California" es una fotografía que muestra dos hombres caminando por la autopista. La fotografía fue tomada en 1937

Library of Congress Prints and Photographs Division LLC-USZC4-8174]

Un pozo único

¿Cómo se emplea el diagrama para que puedas entender el ciclo del agua y la idea de que toda el agua de la Tierra proviene de un pozo único?

*Antología de literatura
páginas 320-335*

Coméntalo Vuelve a leer la página 324 y observa el diagrama. Comenta en parejas lo que observas en el diagrama.

Cita evidencia del texto A partir del texto y el diagrama, ¿qué evidencias te permiten entender que toda el agua de la Tierra proviene de un pozo único? Completa el organizador gráfico.

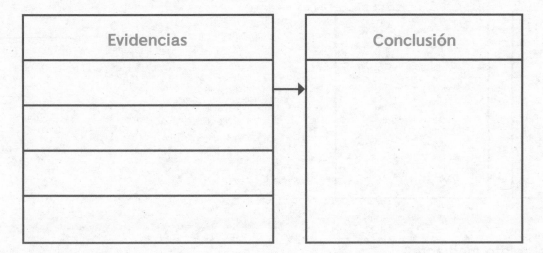

Evidencias	Conclusión

Escribe El diagrama sirve para sustentar la idea de que el agua de la Tierra proviene de un único pozo porque _____

_____

Consejo de la semana

Cuando **vuelvo a leer,** los diagramas me permiten entender mejor la información del texto. Busco evidencia del texto para responder preguntas.

Natalie

Mark Bowden/iStock/360/Getty Images

¿De qué manera se relacionan los encabezados para transmitir la idea del relato?

COLABORA

Coméntalo Vuelve a leer las páginas 328 y 329. Comenta en parejas la relación que encuentras entre las ilustraciones y el encabezado.

Cita evidencia del texto A partir del texto y las ilustraciones, ¿qué evidencias te permiten relacionarlos con el encabezado de la sección? Completa el organizador gráfico.

Evidencias del texto	Evidencias de las ilustraciones	Inferencia

Escribe Los encabezados transmiten la idea del relato mediante _____

_____

_____

ACUÉRDATE

Puedo usar los siguientes marcos de oración para hablar sobre el ciclo del agua.

La autora incluye ilustraciones y diagramas para...

Estos me ayudan a...

¿Por qué "Cómo salvar el agua del pozo" es un buen encabezado para la última sección de la lectura?

COLABORA

Coméntalo Vuelve a leer la página 334. Comenta con un compañero o una compañera cómo conservar el agua.

Cita evidencia del texto ¿Por qué es importante conservar el agua en el pozo? Completa el organizador gráfico.

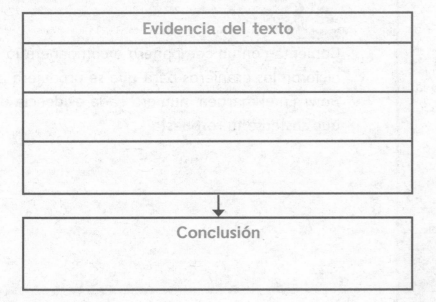

Evidencia del texto

↓

Conclusión

Escribe "Cómo salvar el agua del pozo" es un buen encabezado para esta sección porque _____

Tu turno

Piensa en el uso que la autora hace de los diagramas y títulos en la selección. ¿De qué manera emplea la autora estas características del texto para sustentar su mensaje sobre el valor del agua? Utiliza estos marcos de oración para organizar tu respuesta.

La autora utiliza diagramas para...

Utiliza títulos para...

Esto sustenta su mensaje porque...

¡Conéctate!
Escribe tu respuesta en línea.

"Los secretos del suelo"

1   En la década de 1930, una sequía azotó las Grandes Llanuras, la región central de Estados Unidos. Esta zona estuvo alguna vez cubierta de pastos altos que sostenían el suelo. Con el paso de los años, los granjeros cortaron este pasto y plantaron cultivos. Se sembraron las mismas plantas año tras año y no se le dio la oportunidad de recuperar sus nutrientes. Cuando ocurrió la sequía, el suelo estaba agotado. Pronto, el polvo del suelo comenzó a volar en nubes negras gigantes. Estas tormentas de polvo devastaron la tierra, y obligaron a los granjeros y a sus familias a irse. Esta zona se conoce como el Dust Bowl.

2   ¿Por qué sucedió esto? En el suelo se almacenan y se transportan nutrientes y agua. Sin ellos, el suelo no puede proveer un hábitat para otros seres vivos. Las tormentas de polvo de la década de 1930 hicieron que las personas comprendieran que un suelo sano es una necesidad.

Vuelve a leer y haz anotaciones en el texto siguiendo las instrucciones.

Vuelve a leer el fragmento. Subraya la oración en el párrafo 1 que evidencia el efecto que tuvieron las tormentas de polvo en las granjas. Encierra en un círculo la información que evidencia cómo fueron afectados los granjeros.

COLABORA

Comenta con un compañero o compañera lo que hicieron los granjeros para que se produjera el *Dust Bowl*. En el margen, numera cada evidencia del texto que sustente tu respuesta.

La idea se arraiga

[1] Actualmente la gente es más consciente de la importancia del suelo que en la década de 1930, así que ha tomado medidas para conservarlo y protegerlo. Aunque prácticas, como el uso de pesticidas, pueden contaminar el agua subterránea y dañar organismos del suelo, los gobiernos y las industrias trabajan en el desarrollo de sustancias químicas más seguras. Muchos granjeros intentan mantener el suelo saludable alternando los cultivos para que los nutrientes no se agoten. Otros siembran árboles como barreras para que eviten que el viento se lleve el suelo. Su trabajo mantiene el suelo a salvo, lleno de nutrientes y, lo más importante, en su lugar.

Encierra en un círculo la frase del fragmento que evidencia que todavía hay granjeros que contaminan el suelo. Luego subraya las medidas que se han tomado para cambiar esto.

COLABORA

Comenta en parejas cómo el uso de pesticidas afecta al suelo. En el margen, haz una marca para señalar las evidencias del texto que sustenten tu respuesta. Escríbelas a continuación:

1. _____

2. _____

Por último encierra en un cuadrado las acciones que los granjeros realizan para mantener el suelo a salvo.

¿De qué forma puedes entender cómo las personas están trabajando para mantener el suelo en buen estado?

COLABORA

Coméntalo Vuelve a leer el fragmento de la página 125. Comenta en parejas las medidas que las personas están adoptando para mantener el suelo a salvo.

Cita evidencia del texto ¿Qué están haciendo los granjeros para mantener el suelo saludable? Completa el organizador gráfico.

Evidencia del texto	Yo entiendo

Escribe Puedo entender lo que las personas están haciendo para mantener el suelo en buen estado porque el autor _____

_____

Las palabras y oraciones que emplea el autor me ayudan a entender mejor el tema.

¿Qué expresa el mural acerca de los recursos naturales que igualmente se expresa en *Un pozo único* y "Los secretos del suelo"?

COLABORA

Coméntalo Comenta en parejas el mural. ¿Qué recursos naturales encuentras? ¿Que se está haciendo con estos recursos naturales?

Cita evidencia del texto Observa nuevamente el mural. Encierra en un círculo los recursos naturales que están siendo representados. En el margen, escribe notas de lo que están haciendo con esos recursos.

Escribe Tanto el mural como las dos lecturas, expresan que _____

_____

_____

ACUÉRDATE

El mural me permite ver los recursos naturales. Lo comparo con las lecturas de la semana.

Mural pintado en una calle de San Francisco, California.

John Flournoy/McGraw-Hill Education

"Oda a la cebolla" y "Vegetaciones"

¿Por qué emplea el poeta metáforas para comunicar sus sentimientos por la cebolla?

COLABORA

Coméntalo Vuelve a leer la página 341. Comenta en parejas qué metáforas encuentras en este poema.

Cita evidencia del texto ¿Qué clase de metáforas utiliza el poeta para hablar de la cebolla? Completa el organizador gráfico.

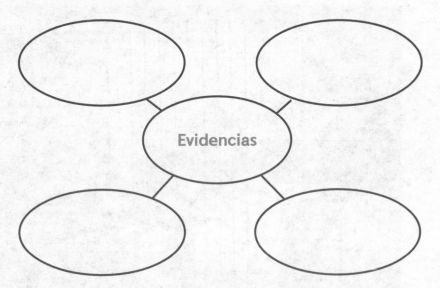

Evidencias

Escribe El poeta emplea metáforas porque _____

_____

_____

Antología de literatura: páginas 340–342

LECTURA ATENTA

Consejo de la semana

Cuando **vuelvo a leer**, presto atención a las metáforas empleadas por el poeta para resaltar la perspectiva del poeta.

Esther

Lane Oatey/Blue Jean Images/Getty Images

¿Por qué podemos interpretar que la cebolla tiene un valor especial para la poeta?

Coméntalo Vuelve a leer la página 342. Comenta en parejas la importancia que tiene la cebolla en el poema.

Cita evidencia del texto ¿Qué evidencias del texto te permiten entender de dónde surge la cebolla? ¿Por qué la voz poética se pregunta esto? Completa el organizador gráfico.

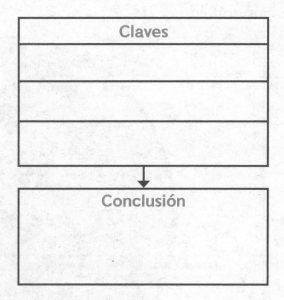

Claves

↓

Conclusión

Escribe Puedo interpretar que la cebolla tiene un valor especial para el poeta porque _____

_____

_____

 **ACUÉRDATE**

Cuando vuelvo a leer, presto atención a la manera en que un poeta nos puede dar otra perspectiva de las cosas.

Tu turno

Piensa en el valor que se le da a la cebolla en "Oda a la cebolla" y "Vegetación". ¿Cómo te ayudan los poetas a pensar en la cebolla desde un punto de vista diferente?

A partir de "Oda a la cebolla" puedo considerar que la cebolla...

Con "Vegetación" puedo pensar que la cebolla...

Así, los poetas me ayudan a pensar en la cebolla desde un punto de vista diferente porque...

¡Conéctate!
Escribe tu respuesta en línea.

Releer

"La tierra"

¿Cómo muestra la poeta nuestra relación con la Tierra?

COLABORA

Coméntalo Vuelve a leer la cuarta estrofa del poema de la página 344. Comenta en parejas qué vínculos tiene la Tierra con los seres humanos.

Cita evidencia del texto ¿Qué frases del poema te muestran los vínculos que existen entre los seres humanos y la Tierra? Completa el organizador gráfico.

Evidencia

↓

Inferencia

Escribe Nuestra relación con la Tierra se ve a través de _____

_____

_____

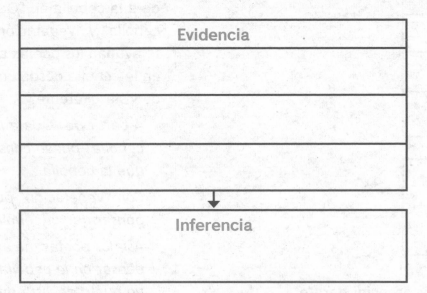

ACUÉRDATE

Puedo usar los siguientes marcos de oración para expresar la importancia de la Tierra en nuestras vidas.

La autora destaca la importancia de la Tierra porque...

A partir de esto entiendo que la Tierra...

Illustration: Steven Mach

¿Por qué la poeta emplea la personificación para darle características y atributos humanos a la Tierra?

COLABORA

Coméntalo Vuelve a leer la última estrofa del poema de la página 344. Comenta en parejas cómo compara la poeta a la Tierra con una madre.

Cita evidencia del texto ¿Qué evidencias te muestran que la Tierra tiene atributos de madre? Completa el organizador gráfico.

ACUÉRDATE

Puedo usar los siguientes marcos de oración para entender que debo cuidar la Tierra y ser consciente de su importancia.

La autora emplea la personificación para...

Esto me ayuda a entender que...

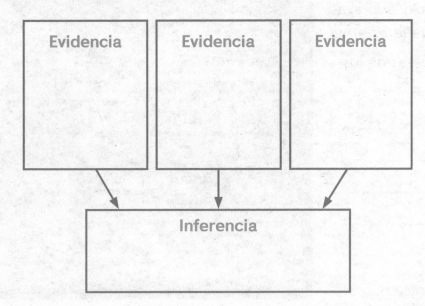

| Evidencia | Evidencia | Evidencia |

Inferencia

Escribe La poeta emplea la personificación para _____

_____

_____

Illustration: Steven Mach

¿De qué manera la forma en que los escultores expresan su mensaje en la estatua es similar a aquella con la que los poetas expresan su mensaje en *"Oda a la cebolla"* y *"Vegetaciones",* y en *"La Tierra"*?

COLABORA

Coméntalo Observa la fotografía y lee el pie de foto. Comenta en parejas cómo los artistas expresaron sus sentimientos a través de la escultura.

Cita evidencia del texto Encierra en un círculo evidencias en la foto que te indiquen qué pensaba hacer Abraham Lincoln. Subraya en el pie de foto la frase que te indica lo que representa la estatua.

Escribe Los artistas que crearon esta escultura y los poetas de los poemas leídos expresan sus mensajes para _____

_____

_____

_____

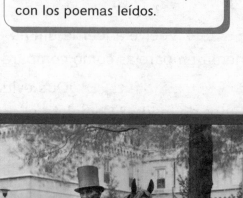

ACUÉRDATE

Pienso por qué los artistas crearon la estatua. Lo comparo con los poemas leídos.

Fotografía de una estatua de bronce de Abraham Lincoln. La escultura representa a Lincoln y su caballo, *Old Bob*, frente a la casa de verano de Lincoln en Washington, D.C. Fue creada en el 2009 por Iván Schwartz, Stuart Williamson y Jiwoong Cheh.

Carol M. Highsmith's America · Library of Congress · Prints and Photographs Division.

Kafka y la muñeca viajera

¿De qué manera el lenguaje figurado utilizado por el autor permite entender la trama del relato?

COLABORA

Coméntalo Vuelve a leer el primer párrafo del texto. Comenta con un compañero el significado de la metáfora allí escrita.

Cita evidencia del texto ¿A qué suceso del texto hace referencia la metáfora? ¿Qué quiere mostrar el autor con esta descripción? Anota la información en el organizador gráfico.

Lenguaje figurado	Significado	Trama

Escribe El lenguaje figurado utilizado por el autor facilita entender la trama del relato al _____

_____

Antología de literatura:
páginas 346–357

LECTURA ATENTA **Consejo** de la **semana**

Cuando **vuelvo a leer**, presto atención al lenguaje figurado que utiliza el autor al inicio del texto.

Gilbert

Ana Abejon/iStock/360/Getty Images

¿Cómo las acotaciones del diálogo entre Elsi y Kafka complementan la trama del relato?

COLABORA

Coméntalo Vuelve a leer las páginas 352 y 353. Comenta con un compañero o una compañera qué información importante para la trama se muestra a través del diálogo.

Cita evidencia del texto ¿Cuáles acotaciones te muestran información relevante para la trama? ¿Por qué? Escribe en el organizador las acotaciones y por qué son importantes.

Indicio	¿Por qué es importante?

Escribe Las acotaciones del diálogo entre Kafka y Elsi complementan la trama del relato al _____

_____

ACUÉRDATE

Puedo usar los siguientes marcos de oración para hablar sobre las acotaciones y la información que aportan a la trama del relato.

El autor usa acotaciones para...

Por medio de las acotaciones, entiendo que...

¿Cómo la manera en que está construido el final te ayuda a comprender la trama?

 COLABORA

Coméntalo Vuelve a leer las dos últimas páginas. Comenta con un compañero o una compañera cuál es el final del relato.

Cita evidencia del texto ¿Por qué el final del cuento es inesperado? ¿Por qué al final no aparece la carta? Escribe en el organizador la información.

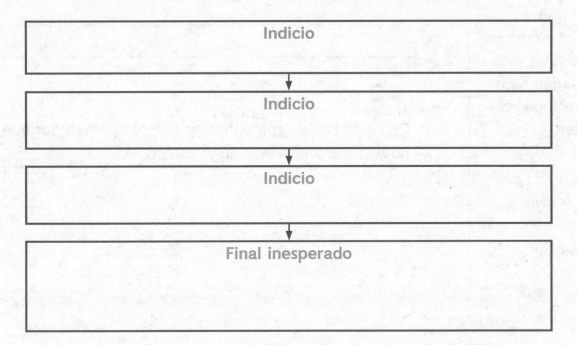

Indicio

↓

Indicio

↓

Indicio

↓

Final inesperado

Escribe El final inesperado del relato ayuda a comprender la trama porque _____

_____

_____

 **ACUÉRDATE**

Me fijo en la manera en que los autores terminan el relato para entender el tema de este.

Tu turno

Piensa en los sucesos clave del principio, desarrollo y final del relato. ¿Cómo empleó el autor algunos recursos en la narración de estos sucesos para transmitir la profunda impresión que la niña causó en Kafka?

En estos sucesos clave del relato, el autor emplea...

Así, el autor transmite la profunda impresión que la niña causó en Kafka al...

¡Conéctate!
Escribe tu respuesta en línea.

"Un paseo a caballo"

1   Afuera, Ravi se preguntaba, "¿explorar qué?". Aunque había estado allí ya varias semanas, no había visto nada que valiera la pena explorar. Entonces se acordó del camino de tierra que había visto antes y se dirigió allí.

2   No había avanzado mucho por el camino cuando oyó que un seto se movía. En el momento en que los arbustos empezaron a sacudirse, oyó un jadeo que parecía un resoplido. Imaginándose una bestia gigantesca del otro lado, retrocedió, pero al oír una voz, se detuvo. Se volteó y vio salir de los arbustos a una mujer montada a caballo.

3   Al ver a Ravi, tiró de las riendas y detuvo al caballo en seco. Él nunca había visto a un caballo tan de cerca, y desde su perspectiva, se veía como un gigante enorme.

Vuelve a leer y haz anotaciones en el texto siguiendo las instrucciones.

Subraya las palabras que explican por qué el caballo le parecía a Ravi un gigante enorme. Escribe por qué el autor incluye este detalle.

_____

_____

_____

COLABORA

Comenta con un compañero o una compañera por qué no le gusta a Ravi vivir en el campo.

Greg Newbold

4   —¡Hola! —dijo la mujer, y desmontó—. Espero no haberte asustado. Yo soy Lila y este es Rojo. Vivimos en la granja al final del camino. ¡Solo venía a darte la bienvenida!

5   Percibiendo la vacilación de Ravi, Lila explicó: —No tienes por qué temerle a Rojo. De hecho, Rojo es único porque parece percibir tus emociones: si estás asustado, se pone nervioso, pero si estás tranquilo, está fresco como una lechuga.

    Ella le guiñó el ojo y añadió:

    —Pero tiene una forma de calmar a las personas.

6   Los padres de Ravi salieron al oír la voz de Lila, y cuando los tres se presentaron, Ravi miró el caballo con curiosidad y se dio cuenta de que el caballo también lo miraba.

Greg Newbold

Vuelve a leer el párrafo 5. Encierra en un círculo la oración en la que Lila explica cómo reacciona Rojo a las emociones de las personas. Escríbela aquí:

_____

_____

COLABORA

Vuelve a leer los párrafos 4 y 5. Comenta lo que dice Lila cuando visita la casa de Ravi. En el párrafo 6, encierra en un cuadrado lo que pasa entre Ravi y Rojo. ¿Cómo confirma esto lo que Lila había dicho de Rojo antes?

_____

_____

¿De qué manera el autor expresa el cambio de la manera de pensar de Ravi?

COLABORA

Coméntalo Vuelve a leer los fragmentos de las páginas 136 y 137. Comenta con un compañero o una compañera lo que Ravi siente con respecto a Rojo al principio y al final de la lectura.

Cita evidencia del texto ¿Qué opiniones tiene Ravi sobre Rojo a lo largo del cuento? Anota evidencias del texto en el organizador gráfico.

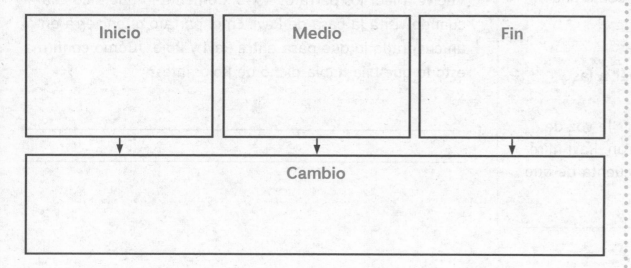

Inicio	Medio	Fin

Cambio

Escribir El autor expresa el cambio de opinión de Ravi al _____

_____

_____

ACUÉRDATE

Mientras **vuelvo a leer**, prestaré atención a cómo cambia el ambiente a lo largo del cuento.

¿Cómo se relacionan la manera como están ubicadas las figuras en la pintura, con la dinámica familiar que se describe en *Kafka y la muñeca viajera* y en "Un paseo a caballo"?

ACUÉRDATE

Cuando observo la pintura, pienso en la relación que existe entre las dos figuras.

COLABORA

Coméntalo Con un compañero o una compañera, comenta la pintura. Lee el pie de foto. ¿Qué puedes observar? ¿Qué emociones te produce?

Cita evidencia del texto Observa la pintura con un compañero o compañera. Intenta decidir la relación que hay entre las figuras. Escribe sobre la imagen la relación que crees que hay y luego escribe tres adjetivos para describir a Edma y Jeanne.

Escribe Las figuras en esta pintura se relacionan con las

selecciones de esta semana, porque _____

_____

_____

_____

_____

Image courtesy National Gallery of Art

La hermana de la artista —Edma— y su hija —Jeanne— es una acuarela que fue pintada en 1872 por la artista francesa Berthe Morisot".

Ecos del desierto

Antología de literatura:
páginas 364–377

¿Cómo se relacionan las motivaciones de Miguel con la trama del relato?

COLABORA

Coméntalo Vuelve a leer la página 365. Comenta con un compañero o una compañera por qué Miguel toma la decisión de salir de su pueblo.

Cita evidencia del texto ¿Qué hechos en el relato te indican cuál es la decisión de Miguel? ¿Cuál es la trama de la lectura? Completa el organizador gráfico.

Indicio	Trama

Escribe El motivo del viaje de Miguel me ayuda a comprender la trama del relato porque _____

_____

_____

Consejo de la semana

LECTURA ATENTA

Cuando **vuelvo a leer**, presto atención a la información sobre los motivos del viaje y cómo se relaciona con la trama del relato.

Bree

Emma Kim/Cultura/Getty Images

¿Cómo la relación que establece la autora entre el sufrimiento de Miguel y sus reflexiones te permite entender el mensaje del relato?

Coméntalo Vuelve a leer las páginas 372 y 373. Comenta con un compañero qué sucesos causan el sufrimiento de Miguel.

Cita evidencia del texto ¿Cómo enfrenta Miguel el sufrimiento que le causan las vicisitudes del viaje? ¿Por qué este suceso es importante en el texto? Completa el organizador gráfico.

Causa	¿Cómo las enfrenta?	¿Por qué es importante?

Escribe La relación que establece la autora entre el sufrimiento de Miguel y sus reflexiones me permiten entender _____

_____

_____

 **ACUÉRDATE**

Puedo usar los siguientes marcos de oración para hablar sobre las dificultades del viaje y su manera de enfrentarlas.

Las estrategias que Miguel emplea para enfrentar las dificultades del viaje son...

Para superar el sufrimiento Miguel reflexiona...

¿Cómo se relaciona el cambio de nombre de Miguel al final del relato con el resto de la trama?

COLABORA

Coméntalo Lee el último suceso del relato. Comenta con un compañero cómo termina el viaje de Miguel en esa última parte de la narración.

Cita evidencia del texto ¿Con qué cambio se encuentra Miguel a la llegada a casa de sus tíos? ¿Qué implicaciones tiene ese cambio? Escribe tu respuesta en el organizador gráfico.

Cambio	Implicaciones

Escribe La autora finaliza el relato con el suceso del cambio de nombre de Miguel como una manera de _____

_____

ACUÉRDATE

Cuando leo, me fijo en los detalles que el autor da al final del relato para entender cómo se transformó el personaje principal.

Tu turno

Piensa en la manera como el viaje transforma a Miguel. ¿Cómo muestra la autora esta transformación a partir de los sucesos clave de la trama?

Los sucesos clave de la trama del relato...

Así, a partir de estos sucesos, la autora muestra la transformación de Miguel porque...

¡Conéctate!
Escribe tu respuesta en línea.

"Impresiones musicales de la Gran Depresión"

[1]   Muchas canciones de 1930 a 1940, especialmente de música folclórica y country, narraban historias de pérdida y dificultades. El compositor de canciones Woody Guthrie acompañó a los trabajadores agrícolas que viajaban hacia el oeste a California con la esperanza de encontrar trabajo. Vio que con frecuencia enfrentaban retos nuevos y más difíciles. Guthrie expresó solidaridad con ellos en canciones tales como "Dust Bowl Blues" y "Goin' Down the Road Feeling Bad". Él ayudó a devolverle el sentido de dignidad a las personas.

[2]   Mientras tanto, a lo largo del país, la familia Carter tocó canciones similares, como "Worried Man Blues", que describía la vida en los montes Apalaches, en donde los recursos eran escasos. Los oyentes encontraban consuelo al saber que no estaban solos en su lucha.

Vuelve a leer y haz anotaciones en el texto siguiendo las instrucciones.

Vuelve a leer el fragmento. Subraya la oración que explica el propósito de la música de Woody Guthrie. Escribe cómo inspiró este tipo de música a las personas que lucharon durante esa época.

_____

_____

COLABORA

Comenta con un compañero o una compañera por qué fue capaz la música de cambiar la forma como las personas se sentían durante una época difícil. Subraya otro fragmento que sirva como ejemplo.

_____

_____

El swing

3   Los tiempos eran ciertamente difíciles en el campo. Y en las ciudades de la nación, la situación era igualmente difícil. En algunas comunidades afroamericanas, el desempleo estaba por encima del cincuenta por ciento. Estos retos les recordaban a algunos los primeros tiempos de la esclavitud, y muchos encontraron consuelo en los estilos musicales de esa era: gospel y blues.

4   El jazz, una nueva forma de música con ritmos de compases animados, levantaba los ánimos de las personas. Líderes de bandas como Duke Ellington y Count Basie crearon un nuevo estilo de jazz de gran energía llamado *swing*. En todo el país, la gente de todas las razas respondió a estos ritmos positivos. Las personas dejaban atrás sus problemas y escapaban a la pista de baile.

5   En Nueva York, los musicales de Broadway deleitaban a los aficionados al teatro. Muchos musicales ofrecían entretenimiento ligero, mientras que otros trataban de las actuales dificultades a través de canciones tales como "Brother, Can You Spare a Dime?".

Vuelve a leer los párrafos 1 y 2. Subraya los ejemplos de música que conmovían a las personas.

COLABORA

Vuelve a leer el fragmento de la página 144. Con un compañero o una compañera comenta cómo describe el autor las diferentes clases de música.

Subraya las oraciones que describan otro tipo de música y de representaciones artísticas que conmovieran a las personas.

¿Por qué "*El swing*" es un buen encabezado para esta sección? Incluye tus notas para respaldar tu respuesta.

_____

_____

_____

¿Cuál es el propósito del autor al escribir esta lectura?

COLABORA

Coméntalo Vuelve a leer los fragmentos de las páginas 143 y 144. Comenta con un compañero o una compañera qué información quiere el autor que sepas sobre la música durante la Gran Depresión.

Cita evidencia del texto ¿Qué palabras y oraciones te ayudan a entender por qué el autor escribió esta selección? Completa el organizador gráfico con evidencia del texto.

Evidencia	Propósito del autor

Escribe El propósito del autor al escribir esta lectura fue _____

_____

_____

¿Cómo esta fotografía y las selecciones *Ecos del desierto* e *"Impresiones musicales de la Gran Depresión"* reflejan el efecto que la música puede tener en las personas?

COLABORA

Coméntalo Comenta con un compañero o compañera la fotografía. Lee el pie de foto. Habla sobre lo que está sucediendo en ella y los sentimientos que inspira.

Cita evidencia del texto Observa la fotografía. Encierra en un círculo los detalles de la fotografía que te permiten tener una idea de cómo se sienten las personas.

Escribe La fotografía y las lecturas demuestran _____

_____

_____

_____

_____

_____

ACUÉRDATE

Cuando observo la fotografía, pienso en el tipo de música que estaban tocando y cómo esta hacía sentir a la gente.

"Retrato de Ella Fitzgerald, Dizzy Gillespie, Ray Brown, Milt Jackson y Timme Rosenkratz en el club Downbeat en Nueva York en 1947".

William P. Gottlieb/Ira and Leonore S. Gershwin Fund Collection - Music Division - Library of Congress

El calentamiento global

¿Por qué el autor inicia la selección con una fotografía de la Tierra vista desde el espacio?

COLABORA

Coméntalo Mira la fotografía en las páginas 384 a 385. Comenta con un compañero o una compañera lo que ves en la fotografía.

Cita evidencia del texto ¿Qué claves en la fotografía te sirven para ver lo que el autor quiere que entiendas sobre la Tierra? Completa el organizador gráfico con evidencia del texto.

kristian sekulic/iStock/360/Getty Images

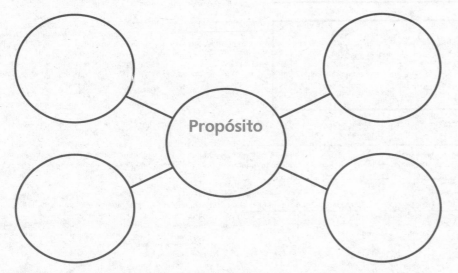

Propósito

Escribe El autor utiliza la fotografía al inicio de la selección para _____

_____

_____

Antología de literatura: páginas 384–397

LECTURA ATENTA

Consejo de la semana

Cuando **vuelvo a leer**, me apoyo en las fotos para entender la información y busco evidencia para responder las preguntas.

Jane

¿Cómo utiliza el autor las fotografías para ayudarte a entender el cambio climático?

COLABORA

Coméntalo Analiza las fotografías en la página 391. Comenta con un compañero o una compañera en qué se diferencian las fotografías y lo que el autor quería transmitir al utilizarlas.

Cita evidencia del texto ¿Qué claves en las fotografía te sirven para entender el cambio climático? Escribe tu respuesta en el organizador gráfico.

ACUÉRDATE

Puedo utilizar estos marcos de oración cuando comento el cambio climático.

La diferencia entre las fotografías es...

Son útiles porque...

Claves en las fotografía de 1957	Claves en las fotografía de 2004

Escribe Las fotografías me ayudan a entender _____

_____

_____

¿Por qué termina el autor la selección con una fotografía de una planta joven?

 **ACUÉRDATE**

Puedo pensar en por qué el autor incluye fotografías en el texto.

COLABORA

Coméntalo Vuelve a leer los dos últimos párrafos de la página 397 y mira la fotografía. Comenta con un compañero o una compañera lo que se muestra en la fotografía.

Cita evidencia del texto ¿Qué palabras y frases en el texto te sirven para entender por qué utiliza el autor la fotografía? Completa el organizador gráfico.

Evidencia del texto	Propósito del autor

Escribe El autor termina la selección con la fotografía de un retoño para

_____

_____

Tu turno

¿Cómo te permiten entender las fotografías de esta selección cómo afecta el cambio climático a los seres vivos? Utiliza estos marcos de oración para organizar tu respuesta.

Las fotografías de esta selección consisten en...

El autor las utiliza para...

Esto me permite entender...

¡Conéctate!
Escribe tu respuesta en línea.

"Cuando los volcanes hacen erupción"

1   En la mañana del 18 de mayo de 1980, la ceniza gris que flotaba cerca del monte Santa Helena en Washington convirtió el día en noche. Un volcán había hecho erupción y había enviado una nube de ceniza a miles de pies de altura. De la montaña cayeron hielo y detritos que la erupción lanzó a la cordillera y los lagos cercanos. La erupción continuó durante nueve horas, pero en ese tiempo, el paisaje cambió por completo.

Chimeneas terrestres

2   ¿Por qué hace erupción un volcán como el monte Santa Helena? Por debajo de la corteza rocosa de la Tierra hay una capa que está parcialmente formada de roca derretida y caliente. Esta roca derretida se llama magma. Una acumulación gradual de presión que los gases causan dentro de la Tierra puede hacer que el magma salga expulsado o se filtre a través de chimeneas, o aberturas, en la superficie de la Tierra.

Vuelve a leer y haz anotaciones en el texto siguiendo las instrucciones.

Vuelve a leer el párrafo 1. Encierra en un cuadrado las palabras que describen el impacto visual de la erupción.

COLABORA

Vuelve a leer el párrafo 2. Comenta en parejas las causas de una erupción. Subraya la evidencia del texto que puedas usar en la conversación.

¿Por qué "Chimeneas terrestres" es un buen encabezado para esta sección? Usa evidencia del texto.

_____

_____

_____

El impacto de los volcanes

1 En el mundo ocurren aproximadamente 50 erupciones volcánicas todos los años. Muchas están concentradas en una región del océano Pacífico conocida como el "Cinturón de Fuego". Es más frecuente que ocurran en los volcanes de Estados Unidos ubicados en Hawái y en la cadena de islas en el sudoeste de Alaska. Es menos frecuente que ocurran en los volcanes de la cordillera de las Cascadas, la cadena montañosa que va desde el occidente de Canadá por el sur hacia California, pero pueden ser más peligrosos.

2 Las erupciones pueden devastar las regiones circundantes. Una erupción puede arrojar lava, ceniza, rocas, lodo y gases venenosos al aire y dañar a las plantas, los animales y las personas que están cerca. Se pueden destruir cultivos y propiedades.

En el párrafo 1, subraya las palabras y frases que indican dónde hacen erupción los volcanes con más frecuencia.

COLABORA

Vuelve a leer el párrafo 2. Comenta con un compañero o una compañera los efectos inmediatos que una erupción volcánica tiene en el paisaje cercano. Encierra en un círculo la evidencia del texto que puedas usar en la conversación. ¿Cómo te ayuda autor a entender los efectos de una erupción volcánica? Utiliza evidencia del texto para sustentar tu respuesta.

_____

_____

_____

_____

¿Por qué incluye el autor lenguaje expresivo para describir las erupciones volcánicas?

COLABORA

Coméntalo Vuelve a leer los fragmentos de las páginas 150 y 151. Comenta con un compañero o una compañera cómo el lenguaje expresivo te sirve para visualizar las erupciones volcánicas.

Cita evidencia del texto ¿Qué palabras y frases te sirven para entender cómo se ven las erupciones volcánicas? Escribe la evidencia del texto en el organizador.

ACUÉRDATE

Cuando **vuelvo a leer**, puedo usar palabras y frases que me ayuden a visualizar información.

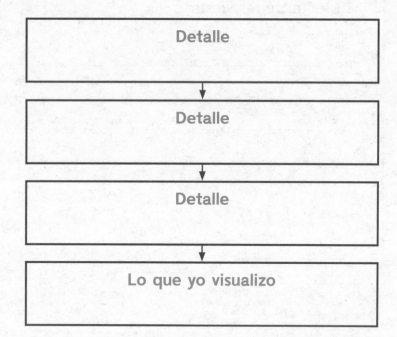

Detalle

↓

Detalle

↓

Detalle

↓

Lo que yo visualizo

Escribe El autor incluye lenguaje expresivo al describir las erupciones volcánicas _____

_____

? ¿Cómo logra el autor del poema captar la fuerza de la naturaleza de la que se habla en *El calentamiento global* y en "Cuando los volcanes hacen erupción"?

COLABORA

Coméntalo Comenta el poema con un compañero o compañera. Hablen de cómo describe Walt Whitman la naturaleza.

Cita evidencia del texto Encierra en un círculo las palabras y frases que describen la tormenta. Subraya los detalles que te ayudan a entender cómo suena la tormenta.

Escribe El autor capta la fuerza de la naturaleza, que también es reflejada en *El calentamiento global* y en "Cuando los volcanes hacen

erupción" _____

_____

_____

ACUÉRDATE

Puedo usar palabras y frases para comparar el poema con las selecciones de la semana.

¡La orgullosa música de la tormenta!

¡Estallan las carreras tan libremente,
Silbando a través de las praderas!
¡El fuerte zumbido de las copas de los árboles del bosque!

¡Viento de las montañas!
¡Figuras personificadas sombrías!
¡Ustedes

Orquestas ocultas!
Ustedes serenatas de fantasmas, que
Con instrumentos alertan,
Mezclándose, con los ritmos de la Naturaleza,
Todas las lenguas de las naciones;

Walt Whitman

(tomado de *Hojas de pasto*,
Publicado por primera vez en la edición de 1871–72)

¿Cuándo un planeta no es un planeta?

¿De qué manera la autora utiliza la primera parte de "Los problemas de Plutón" para sustentar sus ideas acerca de Plutón?

COLABORA

Coméntalo Vuelve a leer la página 407. Comenta con un compañero o compañera cómo se relaciona la información del apartado con el título.

Cita evidencia del texto ¿Qué información quiere la autora que sepas sobre Plutón? Escribe tu respuesta en el organizador gráfico.

Parecidos: Planetas	Diferente: Plutón

Escribe La autora sustenta sus ideas en "Los problemas de Plutón" a partir de __

_____

_____

Antología de literatura: páginas 404–419

LECTURA ATENTA
Consejo de la semana

Cuando **vuelvo a leer**, puedo pensar en cómo organiza la autora la información y puedo buscar evidencia para responder preguntas.

April

Leland Bobbe/Photodisc/Getty Images

¿Cómo te permiten las gráficas utilizadas por la autora entender mejor el sistema solar?

COLABORA

Coméntalo Vuelve a leer el diagrama y el pie de foto en la página 410. Acércate a un compañero o una compañera y discute cómo el diagrama se relaciona con el texto principal.

Cita evidencia del texto ¿De qué manera el diagrama incluido en la página 410 sustenta las ideas que la autora está desarrollando? Completa el organizador gráfico con evidencia del texto.

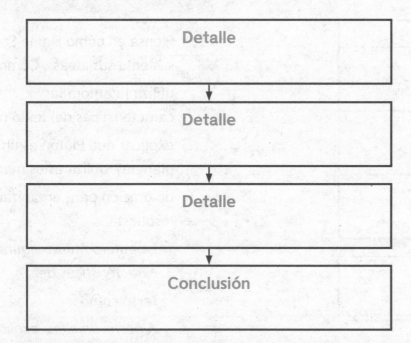

Detalle

↓

Detalle

↓

Detalle

↓

Conclusión

Escribe La autora usa el diagrama del sistema solar para ayudarme a comprender _____

_____

¿Cómo usa la autora la descripción de un agresor del patio de recreo para permitirte comprender a qué se refiere su frase "limpiar la vecindad"?

COLABORA

Coméntalo Vuelve a leer las páginas 416 y 417. Acércate a un compañero o una compañera y comenta qué quiere decir "limpiar la vecindad".

Cita evidencia del texto ¿Cuáles palabras y frases sugieren que algunos planetas son como agresores del patio de recreo? Escribe evidencia del texto en el organizador gráfico.

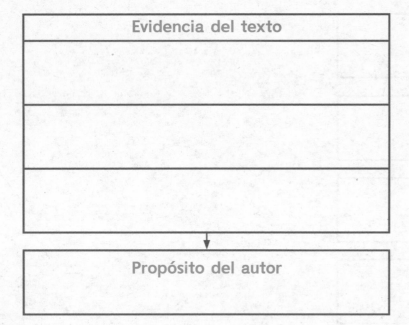

Evidencia del texto

↓

Propósito del autor

Escribe La descripción de la autora de un agresor del patio de recreo me permite entender cómo los planetas _____

_____

ACUÉRDATE

Cuando **vuelvo a leer** las comparaciones que la autora hace, estas me permiten comprender conceptos científicos.

Tu turno

Piensa en cómo Elaine Scott sustenta sus ideas. ¿Cómo utiliza la autora las características del texto para explicar que Plutón es un planeta? Utiliza estos marcos de oración para organizar tu respuesta.

La autora utiliza algunas características del texto como...

A partir de ellas, explica que Plutón es un planeta al...

¡Conéctate!
Escribe tu respuesta en línea.

"Luna nueva"

1   El 20 de julio de 2069, un equipo de cuatro estudiantes y su profesor salen de la Tierra hacia la Luna para estudiar su composición.

2   "Estamos aproximadamente a 300 kilómetros de la superficie de la Luna. Prepárense para el alunizaje".

3   "¡Esperen! ¡Mantengan este rumbo! Recibo otros datos: parece que hay otro objeto un poco más allá de la Luna".

4   "Con base en sus movimientos, parece que la atracción gravitacional de la Tierra hace que se mantenga en órbita".

5   "¿Qué será?".

6   "Hmmm… si sabemos las distancias que hay entre el objeto, la Luna y nuestra nave, debemos poder calcular el diámetro y la masa del objeto. Luego, podemos ingresar estos datos en la supercomputadora y compararlos con la información de todos los objetos conocidos de nuestro sistema solar".

Vuelve a leer y haz anotaciones en el texto siguiendo las instrucciones.

Vuelve a leer el párrafo 1. Encierra en un círculo la frase que exprese cuándo sucede la historia. Subraya quiénes están viajando y hacia dónde.

COLABORA

Vuelve a leer el diálogo y comenta con un compañero o compañera de qué manera te ayuda a entender mejor lo que pasa en la historieta.

Subraya los detalles que te ayudan a visualizar el viaje. Escribe los detalles en los renglones.

_____

_____

1	"¿Cómo puede ser?"
2	"A diferencia de la Tierra, Marte tiene dos lunas. Una fuerza poderosa debió golpear y sacar de órbita una de las lunas y ¡otro objeto debió haber chocado contra ella!"
3	"¿Cómo un asteroide?"
4	"Exactamente."
5	"¡Miren! ¡Nos acercamos a la luna de Marte!"
6	BIIP! BIIP!
7	"¡Recibo mensajes de emergencia de la Tierra! ¡Las mareas se eleven rápidamente!"
8	"¿Mareas altas? ¡Apuesto a que la causa es esta luna de Marte!"
9	"Así es, Luis. La Luna afecta las mareas de la Tierra. Un objeto nuevo que entre en la órbita de la Tierra cambia las fuerzas de atracción gravitacional entre la Tierra y la Luna, y altera las mareas".
10	"¿Qué hacemos?"
11	"Debemos obligar a esta luna a regresar al campo gravitacional de Marte antes de que ocurra un verdadero desastre. Mark, ¡dispara el rayo simulador de asteroides!"

Vuelve a leer el fragmento. Encierra en un círculo la oración que describe un problema en la Tierra.

Subraya la oración que explica la solución que dan los estudiantes al problema.

COLABORA

Con un compañero o una compañera discute sobre el problema con el que se encontraron los estudiantes mientras viajaban por el espacio. ¿Cómo lo dicho por los personajes te permite comprender la manera en la enfrentaron el problema?

Haz una marca en el margen junto a la evidencia del texto que sustente tu respuesta.

¿Cuál es el propósito del autor al escribir esta historieta?

COLABORA

Coméntalo Vuelve a leer el fragmento en la página 158. Con un compañero o una compañera habla de lo que va sucediendo en la historieta.

Cita evidencia del texto ¿Qué palabras y frases te permiten saber por qué el autor escribió esta historieta? Escríbelas en el organizador gráfico, así como el propósito del autor.

Evidencias del texto	Propósito del autor

Escribe El propósito del autor al crear esta historieta _____

_____

_____

Integrar

¿Cómo te ayuda la manera en que el artista y los autores de *¿Cuándo un planeta no es un planeta?* y "Luna nueva" presentan sus observaciones a comprender cómo cambia el conocimiento científico a través del tiempo?

COLABORA

Coméntalo Mira el cuadro y lee el pie de foto. Comenta con un compañero o una compañera lo que observas.

Cita evidencia del texto Encierra en un círculo el objeto en el que el artista quiere que centres tu atención. Piensa en cómo el conocimiento de nuestro sistema solar ha cambiado con el tiempo. Vuelve a leer el pie de foto y subraya la evidencia que te ayuda a entender cómo cambia el conocimiento científico.

Escribe Los artistas y autores muestran cómo ha evolucionado

el conocimiento a través del tiempo al _____

_____

_____

ACUÉRDATE

Veo un cometa poco común en el cuadro. Esto me ayudará a compararlo con las selecciones que lea esta semana.

Digital Image: Yale Center for British Art

"El cometa Donati" es una acuarela realizada por el artista británico William Turner. El cometa Donati hizo su primera y única aparición registrada en 1858.

El caso de las abejas desaparecidas

Antología de literatura: páginas 424–427

¿Por qué el autor inicia el artículo con una pregunta?

Coméntalo Vuelve a leer el primer párrafo de la página 425. Comenta con un compañero o una compañera en qué ayuda al autor iniciar el artículo con una pregunta.

Cita evidencia del texto ¿Cómo organiza el autor el primer párrafo? Completa el organizador gráfico con evidencia del texto.

Consejo de la semana

Cuando **vuelvo a leer**, pensaré cómo el autor estructura el texto. Busco evidencia del texto para responder preguntas.

Evidencia del texto

↓

Propósito del autor

Vince

Escribe El autor inicia su artículo con una pregunta para _____

_____

¿Cómo la utilización de subtítulos por parte del autor permite comprender su punto de vista acerca de los pesticidas?

COLABORA

Coméntalo Observa los subtítulos en las páginas 426 y 427. Comenta con un compañero o una compañera cómo los subtítulos permiten al autor expresar su opinión sobre los pesticidas.

Cita evidencia del texto ¿Cuáles palabras y frases sustentan los subtítulos del autor? Escribe evidencias del texto y cuenta cómo estas evidencias muestran su punto de vista.

"Un sospechoso inusual"	"¿Debemos culpar a los pesticidas?"	Punto de vista del autor

Escribe El autor utiliza encabezados para _____

_____

ACUÉRDATE

Presto atención al lenguaje que usa el autor para entender su punto de vista.

Tu turno

Piensa en cómo está organizado cada artículo persuasivo. ¿Cuál selección es más convincente y por qué? Utiliza estos marcos de oración para organizar la evidencia del texto.

El autor de "El germen de una idea"...

El autor de "Culpa de los pesticidas"...

La forma en la que organizan la información me posibilita ver que...

¡Conéctate!
Escribe tu respuesta en línea.

Las ocupadas y beneficiosas abejas

Los cultivos dependen de las abejas

Muchos cultivos dependen de insectos para su polinización. En algunos, las abejas componen un alto porcentaje de ellos. Según cifras basadas en cálculos del 2000. Fuente: recopilado por CRS con valores de *The Value of Honey Bees as Pollinators of U.S.Crops in 2000*, de R.A. Morse y N.W. Calderone, marzo de 2000, Universidad de Cornell.

Cultivo	Dependencia de la polinización por insectos	Proporción de abejas
Alfalfa, heno y semilla	100%	60%
Manzanas	100%	90%
Almendras	100%	100%
Cítricos	20–80%	10–90%
Algodón	20%	90%
Soya	10%	50%
Brócoli	100%	90%
Zanahorias	100%	90%
Melón	80%	90%

Vuelve a leer y utiliza las instrucciones para tomar notas en el texto.

Vuelve a leer el fragmento. Encierra en un círculo cómo sabes por qué el autor incluyó la gráfica en este artículo.

A continuación, haz marcas en los márgenes junto a los cuatro cultivos que más dependen de la polinización tanto de las abejas como de los demás insectos.

COLABORA

Comenta con un compañero o una compañera las cifras que se muestran. ¿Qué puedes inferir acerca de la alimentación de las abejas a partir de las tablas?

_____

_____

¿De qué manera usa el autor tablas que te permiten comprender la importancia de las abejas?

Coméntalo Vuelve a leer la gráfica en la página 163. Discute con un compañero o una compañera cómo las tablas sustentan la opinión del autor sobre las abejas.

Cita evidencia del texto ¿Cuál información de la tabla permite sustentar la opinión del autor con respecto a la importancia de la abejas? Escribe evidencia textual en el organizador gráfico.

Evidencia	Propósito del autor

Escribe Comprendo por qué las abejas son tan importantes porque el autor

utiliza una tabla para _____

_____

 **ACUÉRDATE**

Cuando **vuelvo a leer**, puedo usar la información de una tabla que me permite comprender el punto de vista del autor.

Integrar

¿En qué se asemejan las interacciones entre los seres humanos y los animales en el poema y en *El caso de las abejas desaparecidas* y "Las ocupadas y beneficiosas abejas"?

Coméntalo Lee el poema. Comenta con un compañero o una compañera la lección que da el poema.

Cita evidencia del texto Encierra en un cuadro las palabras y oraciones del poema donde la voz poética sugiere que los niños no hagan ciertas cosas. Subraya lo que sucedería como consecuencia.

Escribe El lector puede concluir de la sugerencia del autor y de las

lecturas que _____

_____

_____

_____

ACUÉRDATE

Cuando leo el poema, pienso acerca de lo que el autor está expresando sobre la naturaleza.

La amabilidad con los animales

Niños pequeños, nunca causen
dolor a las cosas que sienten y viven:

Dejen que el gentil petirrojo venga
por las migajas que guardan en
sus hogares,

mientras su carne ustedes desperdician
él les pagará con sus cancioncitas;
nunca hieran a la tímida liebre
espiando desde su verde madriguera,

dejen que venga a correr y a entretener
sobre el pasto al atardecer.

—Anónimo

El código indescifrable

¿Cómo logra la autora comunicar el efecto emocional que el abuelo genera en Juan?

Coméntalo Vuelve a leer el diálogo entre Juan y su abuelo en las páginas 432 y 433. Comenta con un compañero o una compañera por qué Juan está triste.

Cita evidencia del texto ¿Por qué logra el abuelo calmar a Juan? ¿Qué palabras o frases te lo indican? Completa el organizador gráfico.

Frases expresivas	Efecto

Escribe La autora logra comunicar el efecto emocional que el abuelo genera en Juan mediante _____

_____

Antología de literatura: páginas 430–443

Consejo de la semana

LECTURA ATENTA

Cuando **vuelvo a leer**, presto atención a la información sobre el lenguaje expresivo que aparece al inicio del texto.

Roberto

¿Por qué es importante que la autora incluya en la narración el recuento de la experiencia del abuelo en el internado?

COLABORA

Coméntalo Vuelve a leer el último párrafo de la página 433. Comenta con un compañero o una compañera la razón por la que al abuelo no le permitían hablar en navajo en el internado.

Cita evidencia del texto ¿Por qué el abuelo le describe su experiencia en el internado a Juan? ¿Cuál es el propósito de la autora con esta información? Completa el organizador con evidencia del texto.

ACUÉRDATE

Puedo usar los siguientes marcos de oración para hablar sobre el propósito de la autora.

La autora quiere transmitir mediante la experiencia del abuelo que...

Con esta experiencia, la autora pretende mostrar que...

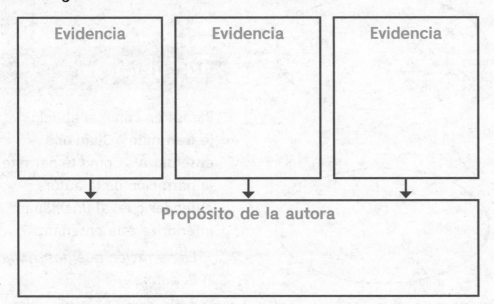

| Evidencia | Evidencia | Evidencia |

Propósito de la autora

Escribe La autora incluye en la narración el recuento de la experiencia del abuelo con el fin de _____

_____

¿Por qué es importante que la autora incluya detalles sobre los logros que los navajos consiguieron para su país durante la Segunda Guerra Mundial?

COLABORA

Coméntalo Vuelve a leer las páginas 438 y 439 del texto. Comenta con un compañero o compañera por qué los navajos fueron llamados a participar en la Segunda Guerra Mundial.

Cita evidencia del texto ¿Cuáles fueron las funciones de los soldados navajos? ¿Por qué fue su papel importante? Completa el organizador gráfico.

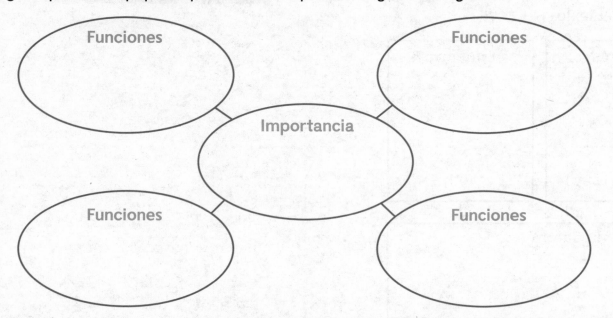

Funciones

Funciones

Importancia

Funciones

Funciones

Escribe Es importante que la autora mencione los logros que los navajos consiguieron para su país durante la Segunda Guerra Mundial porque _____

_____

_____

Tu turno

Piensa en cómo el abuelo le transmite a Juan una enseñanza. ¿Cómo te permite la narración de la autora entender que, al final, Juan interioriza esta enseñanza?

La narración que desarrolla la autora…

Así, esto me permite entender que Juan interioriza el mensaje del abuelo al…

¡Conéctate!
Escribe tu respuesta en línea.

"Aliados en acción"

Unirse a los aliados

1   Muchos hombres partieron para combatir en la guerra. Las mujeres también se alistaron y con frecuencia prestaron su servicio en los cuerpos de enfermeras. El gran número de reclutas que se fue al extranjero ocasionó una escasez de trabajadores, así que muchas mujeres ocuparon trabajos que antes hacían los hombres. Se emplearon en cargos gubernamentales y trabajaron en fábricas. También consiguieron fondos y recogieron materiales que serían reciclados para hacer suministros para las tropas.

2   La escasez de trabajadores en la agricultura llevó a Estados Unidos a fundar el programa Bracero con México. *Bracero* es otra palabra en español para jornalero. Este programa animaba a los trabajadores mexicanos a prestar asistencia a los dueños de granjas. Estos trabajadores calificados ayudaron a mantener los cultivos e hicieron que la economía del país fuera productiva durante la guerra.

Vuelve a leer y haz anotaciones en el texto siguiendo las instrucciones.

Subraya las oraciones en el párrafo 2 en las que se diga cómo funcionaba el programa Bracero y su importancia durante la guerra. Explica por qué el autor incluyó esta información en el texto.

_____

_____

_____

_____

COLABORA

Comenta con un compañero o compañera acerca de por qué Estados Unidos necesitó la ayuda de las mujeres durante la guerra.

Encierra en un círculo una oración en el párrafo 1 que explique la razón por la cual se necesitó de su ayuda.

Los pilotos de Tuskegee

3   Al comienzo de la guerra, una cantidad de hombres afroamericanos ya estaban activos en el ejército, sin embargo, sus cargos eran limitados y casi nunca les daban la oportunidad de avanzar o de estar en operaciones militares especiales.

4   Muchos grupos de derechos civiles habían protestado ante estas restricciones, y como respuesta, en 1941, el cuerpo aéreo del ejército comenzó un nuevo programa de entrenamiento. Allí prepararon a los afroamericanos para convertirse en pilotos y navegantes. Este programa tuvo su base en Tuskegee, Alabama. Aquellos que completaron el entrenamiento en aeronáutica o pilotaje allí se conocieron como "Los pilotos de Tuskegee".

5   Los pilotos volaron en misiones durante la Segunda Guerra Mundial y se ganaron una sólida reputación por sus habilidades. Su éxito llevaría al ejército a reconocer el servicio de los afroamericanos y a ofrecerles más oportunidades de entrenamiento.

En el párrafo 3, encierra en un círculo la frase en la que se diga que los afroamericanos no tenían las mismas oportunidades que los soldados blancos.

Encierra en un cuadrado la frase que explica cuál fue el resultado.

COLABORA

Vuelve a leer el fragmento en esta página. Comenta con un compañero o una compañera lo que dice el texto con relación a los afroamericanos en el ejército.

¿Por qué es importante conocer que durante la Guerra hubo restricciones para los afroamericanos? Utiliza tus notas para sustentar tu respuesta.

_____

_____

_____

¿Cómo se relaciona la información del mapa acerca de las dificultades que Estados Unidos tuvo que enfrentar durante la Segunda Guerra Mundial con lo dicho en la lectura?

COLABORA

Coméntalo Vuelve a leer las páginas 169 y 170 y observa el mapa. Comenta con un compañero o una compañera el número de países que fueron necesarios para vencer a las fuerzas del Eje.

Cita evidencia del texto ¿Qué grupos de personas contribuyeron a la causa? Completa el organizador gráfico.

ACUÉRDATE

Cuando vuelvo a leer, puedo prestar atención a la información que presenta el autor.

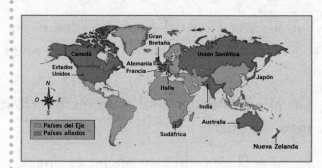

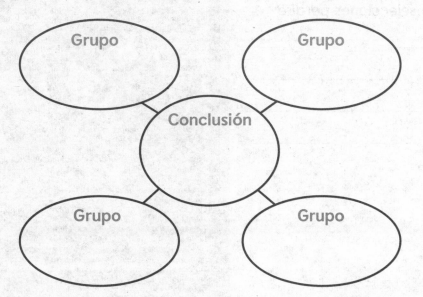

Grupo

Grupo

Conclusión

Grupo

Grupo

Escribe El mapa apoya la información del texto pues muestra que _____

_____

¿De qué manera son similares el tono de este afiche de la Segunda Guerra Mundial y el tono de *El código indescifrable* y de "Aliados en acción"?

COLABORA

Coméntalo Observa el afiche y lee el pie de foto. Comenta con un compañero o compañera lo que ves en la imagen.

Cita evidencia del texto Encierra en un círculo las pistas en el afiche que te permiten entender cuál es su mensaje. Subraya los detalles que refuerzan el tono del afiche.

Escribe El tono de este afiche es similar al tono de las selecciones porque

_____

_____

_____

Library of Congress Prints and Photographs Division [LC-USZC2-5428]

ACUÉRDATE

Cuando observo el afiche, pienso en la importancia del esfuerzo de todas las personas durante la guerra.

"¡Construye para la Armada! ¡Enrólate! Carpinteros, maquinistas, electricistas, etc." es un afiche creado por Robert Muchley entre 1941 y 1943. Buscaba animar a trabajadores con habilidades, para unirse a la armada durante la guerra.

Todos los osos son zurdos

¿Cómo organiza el autor la narración del duelo de los zurdos para mostrar el problema de agresividad de Rulo?

COLABORA

Coméntalo Vuelve a leer las páginas 452 y 453. Comenta en parejas qué hizo Rulo el día antes del duelo, y qué sucedió durante y después de este.

Cita evidencia del texto ¿Cómo describe el autor el orden de los sucesos en el episodio del duelo de los zurdos? Escribe tu respuesta en el organizador gráfico.

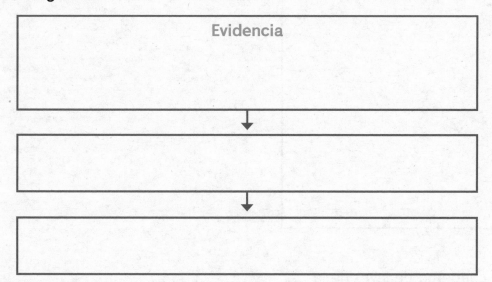

Evidencia

Escribe El autor organiza la narración del duelo de los zurdos mediante _____

_____

Antología de literatura: páginas 450–465

LECTURA ATENTA **Consejo de la semana**

Cuando **vuelvo a leer**, analizo la organización de la narración para entender el problema de agresividad de Rulo. Busco evidencia del texto para responder las preguntas.

Paco

Kali Nine LLC/iStock/360/Getty Images

¿Por qué es importante que el autor mencione que Rulo deja a un lado su cuaderno de leyes de la naturaleza?

COLABORA

Coméntalo Vuelve a leer la página 459. Comenta en parejas el trato que hizo Rulo con Victoria cuando le propuso que fundaran una nueva sociedad.

Cita evidencia del texto ¿Por qué escriben Rulo y Victoria juntos la Declaración Universal? Completa el organizador gráfico.

Evidencia	Conclusión

Escribe Es importante que Rulo deje a un lado su cuaderno de leyes de la

naturaleza porque _____

_____

¿Cómo se relaciona la visita al zoológico con el problema de agresividad de Rulo?

COLABORA

Coméntalo Vuelve a leer la página 465. Comenta con un compañero o una compañera lo que sucede al final del cuento.

Cita evidencia del texto ¿Por qué visitaron Rulo y Victoria el zoológico? ¿Cómo se comportó Rulo? Escribe tu respuesta en el organizador gráfico.

Evidencia del texto	Conclusión

Escribe La visita al zoológico se relaciona con el problema de agresividad de Rulo porque _____

_____

 **ACUÉRDATE**

A medida que vuelvo a leer, me enfoco en la organización de los sucesos a lo largo del cuento para ayudarme a entender la trama.

Tu turno

Piensa en cómo se narran y estructuran los sucesos del duelo de los zurdos, la Declaración Universal y la visita al zoológico. ¿Cómo se relaciona el problema de agresividad de Rulo con estos sucesos de la trama?

En el suceso del duelo de los zurdos...

En los sucesos de la Declaración Universal y la visita al zoológico...

Así, estos sucesos se relacionan con el problema de agresividad de Rulo en...

¡Conéctate!
Escribe tu respuesta en línea.

"Elige tu estrategia: Una guía para llevarse bien"

1   *Toc, toc, toc.* Tu compañera de clase golpea su pie contra tu escritorio y te cuesta trabajo concentrarte. *¿Qué haces?*

2   *Ja, ja, ja.* Tus medias disparejas hacen reír a tus amigos y no paran de burlarse. Ahora tu cara se está poniendo rosada y roja también. *¿Qué puedes hacer?*

3   *Silencio.* Estuviste hablando con tu mejor amiga toda la mañana, pero a la hora del almuerzo ella está callada y decide sentarse con otro grupo. *¿Qué harás?*

4   *Crac.* Oyes que un lápiz se parte detrás de ti. Esos dos niños han empezado nuevamente a acosar a tu compañero de clase. *¿Qué decides hacer?*

Vuelve a leer y haz anotaciones en el texto siguiendo las instrucciones.

Vuelve a leer el fragmento. Encierra en un círculo las palabras que el autor emplea para describir sonidos. Describe los efectos que estas palabras tienen en ti.

_____

_____

COLABORA

Comenta con un compañero o una compañera por qué el autor escogió utilizar estas palabras.

Illustration: John Haslam

Modifica tu actitud

1.   Una de las mejores formas de llevarse bien con otros es tener una actitud positiva. Recuerda que tu actitud y tu tono de voz afectan a quienes te rodean. Si le respondes con un grito a tu compañero, es probable que este reaccione de manera negativa, y esto puede convertir un problema pequeño en uno grande. Si preguntas amablemente, puedes obtener un mejor resultado.

2.   Buscar humor en la situación también puede ayudar a reducir la tensión. Digamos que estás mortificado por tus medias disparejas, pero detente y piensa si realmente es algo por lo que valga la pena enfurecerse. Pensándolo bien, *es* gracioso. A veces la risa es la mejor medicina y un cambio de actitud puede cambiar tu día.

Vuelve a leer el párrafo 2. Encierra en un círculo las palabras que describen una situación difícil.

Luego encierra en un cuadrado los consejos para hacer la situación menos tensa.

COLABORA

Comenta en parejas la descripción del autor ante cada situación y las formas novedosas en que pueden ser manejadas.

¿De qué manera organiza el autor el texto para que el lector comprenda la importancia del mensaje que se está proporcionando?

_____

_____

Illustration: John Haslam

¿? **¿Cuál es el propósito del autor al escribir este texto?**

ACUÉRDATE

Cuando vuelvo a leer, presto atención a los detalles que incluye el autor.

COLABORA

Coméntalo Vuelve a leer el fragmento en la página 177. Comenta con un compañero o una compañera por qué el autor pudo haber escrito el texto.

Cita evidencia del texto ¿Qué soluciones se presentan frente a los problemas? Escribe tu respuesta en el organizador gráfico.

Evidencia	Propósito del autor

Escribe El propósito del autor para escribir este texto es _____

_____

_____

Illustration: John Haslam

¿De qué manera se puede comparar el tema de la fábula con la lección transmitida en *Todos los osos son zurdos* y en "Elige una estrategia: Una guía para llevarse bien"?

Coméntalo Lee la fábula. Comenta en parejas lo que se proponen hacer los ratones.

Cita evidencia del texto En la fábula, encierra en un círculo lo que quieren hacer los ratones y encierra en un cuadrado el problema al que se enfrentan.

Escribe Los temas de la fábula y las lecciones transmitidas en las lecturas se pueden comparar porque _____

_____

_____

_____

ACUÉRDATE

Pienso en la moraleja que se le presenta al lector y la comparo con los textos leídos.

Una fábula

Hace un tiempo, los ratones se reunieron para decidir cómo ser más listos que su enemigo, el gato. Un ratón se puso de pie y dijo, "Estamos de acuerdo en que nuestro mayor peligro es la astuta manera en que el gato se acerca. Yo propongo que consigamos un cascabel y se lo pongamos en el cuello al gato".

Todos aplaudieron, hasta que un viejo ratón se puso de pie y dijo "Eso es maravilloso, pero quién le cuelga el cascabel al gato?".

Supervivencia a 40 bajo cero

¿Cómo se siente la autora con respecto a cómo se adapta la rana al frío?

Antología de literatura: páginas 472–487

COLABORA

Coméntalo Vuelve a leer la página 475. Comenta en parejas cómo la autora explica los cambios que experimentan las ranas para sobrevivir en el Ártico.

Cita evidencia del texto ¿Cómo te indica la autora su opinión acerca de la adaptación de la rana al Ártico? Completa el organizador gráfico.

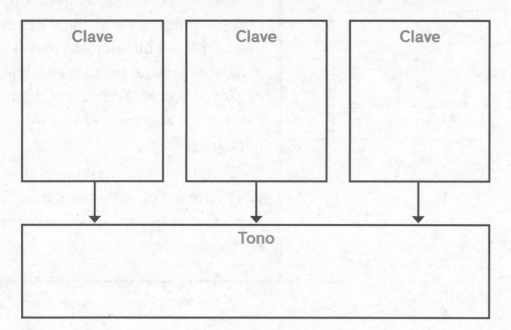

Clave	Clave	Clave

Tono

Escribe La autora piensa que _____

_____

Consejo de la semana

LECTURA ATENTA

Mientras **vuelvo a leer,** pienso en las palabras que la autora utilizó para describir algo. Busco evidencia en el texto para identificar el tono.

Ana

paul hill/iStock/360/Getty Images

¿Por qué compara la autora al zorro ártico con un acróbata?

 **ACUÉRDATE**

Puedo utilizar estos marcos de oración cuando comento los detalles del texto.

El zorro se asemeja a un acróbata en que...

Un zorro es diferente porque...

COLABORA

Coméntalo Vuelve a leer la página 479. Comenta en parejas qué cualidades de un acróbata puedes encontrar en un zorro y cuáles no.

Cita evidencia del texto ¿En qué se parece y en que se diferencia un zorro de un acróbata? Escribe tu respuesta en el organizador gráfico.

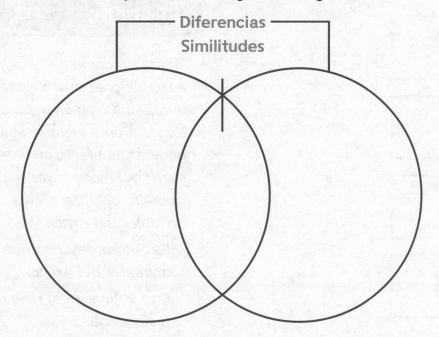

Diferencias

Similitudes

Escribe La autora compara al zorro ártico con un acróbata _____

_____

_____

¿Cómo utiliza la autora lenguaje sensorial para crear una imagen a partir de palabras?

Coméntalo Vuelve a leer la página 485. Comenta en parejas las palabras que utiliza la autora para describir el Ártico al inicio de la primavera.

Cita evidencia del texto ¿Qué palabras y frases te ayudan a imaginar cómo es la primavera en el Ártico? Escribe tu respuesta en el organizador gráfico.

Escribe La autora incluye lenguaje sensorial para crear una imagen mental

_____

_____

_____

ACUÉRDATE

Cuando vuelvo a leer, puedo pensar en el uso del lenguaje sensorial en las descripciones.

Tu turno

Piensa en cómo las descripciones que hace la autora influyen en el tono del texto. ¿Cómo logra la autora generar un efecto en el lector a partir del modo como expresa su punto de vista acerca de los animales del Ártico?

La autora describe que los animales del Ártico…

Esto influye en el tono del texto ya que…

Así, el modo como se expresa la autora genera

un efecto en el lector al…

¡Conéctate!
Escribe tu respuesta en línea.

"¿Por qué los árboles perennes no pierden sus hojas?"

Illustration: Richard Downs

1   —No, ciertamente —respondió el abedul, que con un ademán alejó sus hermosas hojas—. Nosotros los del gran bosque tenemos nuestras propias aves que ayudar. No puedo hacer nada por ti.

2   "El abedul no es muy fuerte", dijo la pequeña ave para sí "debe ser por eso que no podría sostenerme fácilmente. Le preguntaré al roble". El ave dijo: —Gran roble, tú, que eres tan fuerte, ¿no me dejarías vivir entre tus ramas hasta que mis amigos regresen en la primavera?

3   —¡En la primavera! —gritó el roble—. Es demasiado tiempo. ¿Cómo sé qué harás en todo ese tiempo? Las aves siempre están buscando algo que comer y tú podrías llegar a comerte algunas de mis bellotas.

Vuelve a leer y haz anotaciones en el texto siguiendo las instrucciones.

Vuelve a leer el fragmento. Encierra en un círculo los pasajes del diálogo en los que se dice algo sobre el carácter de cada árbol. Escribe lo que esto revela sobre los árboles.

_____

_____

COLABORA

Comenta en parejas qué te indica la reacción de la pequeña ave a lo que le dice el abedul. Subraya en el párrafo 2 las palabras que te indican su reacción.

1 —Entonces, acércate —dijo el amigable abeto, de quien provenía la voz que la había llamado—. Puedes vivir en mi rama más caliente todo el invierno si así lo decides.

2 —¿De verdad, me dejarías hacerlo? —preguntó.

3 —Claro que sí lo haré —respondió el amable abeto—. Si tus amigos se han ido es el momento de que los árboles te ayuden. Esta es la rama en donde mis hojas son más gruesas y blandas.

4 —Mis ramas no son muy gruesas —dijo el amigable pino—, pero soy grande y fuerte, y puedo mantener al viento del norte alejado de ti y del abeto.

5 —También puedo ayudar —dijo un pequeño enebro—. Puedo darte bayas durante todo el invierno, y toda ave sabe que las bayas de enebro son buenas.

Vuelve a leer el fragmento. Subraya la oración en el párrafo 1 que te indica lo que el abeto le ofrece al ave.

Subraya la oración en el párrafo 5 que te indica lo que el enebro le ofrece al ave.

Comenta con un compañero o una compañera cómo estos árboles le contestan al ave. Encierra en un círculo las palabras que describen la personalidad de cada uno de los árboles.

¿Qué hacen estos árboles? Usa evidencia del texto para sustentar tu respuesta.

_____

_____

¿Por qué contrasta el autor el comportamiento de los dos grupos de árboles?

 **ACUÉRDATE**

Mientras vuelvo a leer, le presto atención a las consecuencias de las acciones de los personajes.

Coméntalo Vuelve a leer los fragmentos de las páginas 183 y 184. Comenta con un compañero o una compañera sobre cómo son los diferentes grupos de árboles. ¿En qué se diferencian?

Cita evidencia del texto ¿Que palabras y frases describen el comportamiento de los dos grupos de árboles? Escribe lo que te indica sobre los árboles.

Evidencia del texto	→	Lo que indica
	→	
	→	
	→	
	→	
	→	
	→	

Escribe El autor muestra los dos grupos de árboles de manera diferente porque

_____

_____

Illustration: Richard Downs

¿De qué manera la adapción ilustrada por la fotografía es similar a las adaptaciones descritas en *Superviviencia a 40 bajo cero* y en "¿Por qué los árboles perennes no pierden sus hojas?"

COLABORA

Coméntalo Observa la fotografía y lee el pie de foto. Comenta en parejas sobre lo que observas y cómo este animal se ha adaptado a su entorno.

Cita evidencia del texto Encierra en un cuadrado los detalles que muestran la locación en la que se tomó la foto. Encierra en un círculo las adaptaciones de la liebre. Subraya la evidencia en el pie de foto que te permita entender las adaptaciones de la liebre y cómo estas le ayudan a sobrevivir.

Escribe Las adaptaciones en esta fotografía son similares a las adaptaciones mencionadas en las lecturas porque _____

_____

_____

_____

_____

_____

ACUÉRDATE

Observo las pistas en esta fotografía que me indican la manera como este animal sobrevive en el invierno. Puedo comparar esto con las lecturas de esta semana.

¿Ves esta liebre americana? En verano su pelaje es color café, pero se pone blanco en invierno. Se demora 10 semanas en cambiar de color completamente.

impr2003/iStock/Getty Images Plus/Getty Images

Plantando los árboles de Kenia

Antología de literatura:
páginas 495–505

¿Cómo muestra la autora lo que Wangari siente por la naturaleza?

COLABORA

Coméntalo Vuelve a leer las páginas 496 y 497. Comenta con un compañero o una compañera cómo se relaciona Wangari con la naturaleza.

Cita evidencia del texto ¿Qué claves en el texto y en las ilustraciones te ayudan a entender cómo percibe Wangari la naturaleza y sus sentimientos hacia ella? Completa el organizador gráfico.

Consejo de la semana

Claves de las ilustraciones	Evidencia del texto	Qué nos dicen sus acciones sobre sus sentimientos

Cuando **vuelvo a leer**, pienso en las claves que el autor presenta para entender el significado de la historia.

Yasmine

Escribe La autora muestra los sentimientos de Wangari hacia la naturaleza

¿Cómo se compara lo que sucede después del regreso de Wangari a Kenia con lo que se muestra al comienzo de la historia?

Coméntalo Vuelve a leer las páginas 498 y 499. Comenta con un compañero o una compañera lo que Wangari vio cuando regresó a Kenia.

Cita evidencia del texto ¿Qué palabras o frases muestran lo que ella vio cuando regresó? Escribe cómo se compara esto con lo que ella vivió en su niñez.

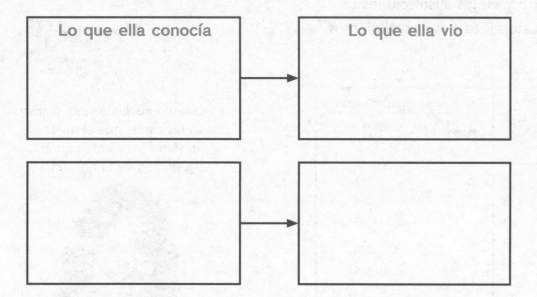

Lo que ella conocía	Lo que ella vio

Escribe Wangari se siente sorprendida cuando regresa a Kenia porque _____

_____

_____

¿Cómo utiliza la autora el lenguaje figurado para ayudarte a entender cómo ayudó Wangari a que las personas entendieran la importancia de cuidar el suelo?

 **ACUÉRDATE**

Cuando vuelvo a leer, veo cómo la personificación me ayuda a entender la historia.

Coméntalo Vuelve a leer la página 505. Comenta con un compañero o una compañera cómo compara la autora el suelo con las personas.

Cita evidencia del texto Qué palabras o frases muestran que la autora usa la personificación cuando habla del suelo. Completa el organizador gráfico.

Evidencia del texto	Lo que sugiere	Efecto

Escribe La manera en que el autor utiliza el lenguaje figurado me ayuda a

_____

_____

_____

Tu turno

Piensa en cómo la autora emplea recursos de lenguaje para desarrollar sus ideas. ¿Cómo le permiten estos recursos mostrar la manera como Wangari ayudó a la tierra y a los habitantes de Kenia?

Algunas ideas que la autora presenta son…

Desarrolla estas ideas por medio de recursos de lenguaje como…

Así, la autora muestra cómo Wangari ayudó a la tierra y a los habitantes de Kenia al…

¡Conéctate!
Escribe tu respuesta en línea.

"El proyecto del parque"

1   Dos estudiantes de tercer grado, Adeline Dixon y Sophia Kimbell, vieron que el Parque Letty Walter, un parque en su comunidad de Indiana, estaba en malas condiciones y necesitaba reparaciones. Las estudiantes querían plantar nuevos árboles a lo largo del riachuelo del parque, pero el proyecto requería dinero, el cual ellas no tenían. Entonces decidieron escribir una carta pidiendo dinero a una organización comunitaria para restaurar el parque.

2   —La escribimos nosotras mismas —dijo Sophia—. Nuestros padres revisaron la ortografía, pero eso fue todo.

3   Felizmente les dieron el dinero. Las dos estudiantes y sus compañeros de clase compraron y plantaron árboles a lo largo del riachuelo del parque. Llamaron a un árbol El árbol sobreviviente porque creció de una semilla de un árbol que sobrevivió a la bomba en la ciudad de Oklahoma en 1995.

Vuelve a leer y haz anotaciones en el texto siguiendo las instrucciones.

En el párrafo 1, encierra en un círculo los problemas que vieron las niñas en el parque. Subraya la oración que explica lo que hicieron las niñas para poder llevar a cabo su proyecto. Escribe lo que ellas hicieron a continuación:

_____

_____

_____

COLABORA

Vuelve a leer el párrafo 3. Comenta con un compañero o una compañera lo que pasó después de recibir el dinero. ¿Qué tenía de especial uno de los árboles? Encierra en un rectángulo la evidencia del texto que sustenta tu respuesta.

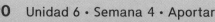

4   Desafortunadamente, las mejoras del parque no duraron mucho tiempo. Más tarde ese año, tormentas muy poderosas causadas por un huracán cercano destruyeron la mayoría de los árboles que los estudiantes habían sembrado. Solo dos árboles se mantuvieron en pie, incluido El árbol sobreviviente. Los alumnos de tercer grado estaban tristes por la destrucción, pero se aferraron a su sueño de mejorar el parque.

5   Dos años después, Adeline y Sophia, ahora en quinto grado, escribieron otra carta a la misma organización. De nuevo alentaron al grupo a donar dinero de manera que los estudiantes pudieran arreglar el Parque Letty Walter. De nuevo les dieron el dinero para sembrar árboles y para otras mejoras, como añadir dos bancas de parque y esparcir mantillo, una mezcla de hojas y paja, en el parque de juegos.

Vuelve a leer el párrafo 4. Encierra en un círculo las claves que explican lo que pasó con las mejoras del parque. Subraya cómo se sintieron los niños de tercer grado.

COLABORA

Vuelve a leer el párrafo 5. Comenta con un compañero o compañera lo que hicieron Adeline y Sophia después de dos años. Haz una marca en el margen al lado de la evidencia que muestra lo que hicieron las niñas. Escríbelo a continuación:

_____

_____

_____

¿Para qué el autor continúa la historia hasta el quinto año escolar de Adeline y Sophia?

Coméntalo Vuelve a leer los fragmentos de las páginas 190 y 191. Comenta en parejas lo que sucede después de que los estudiantes plantan los árboles.

Cita evidencia del texto Completa el organizador gráfico con detalles de lo que pasó primero, lo que pasó después y de cómo respondieron los estudiantes.

 **ACUÉRDATE**

Cuando vuelvo a leer, pienso en los acontecimientos de la historia para descubrir el propósito del autor.

Eventos clave

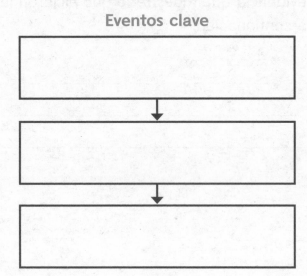

Escribe Esta secuencia revela que el propósito del autor al escribir la historia es

_____

_____

_____

¿De qué manera son similares las acciones que está representando el artista en esta ilustración a las acciones que se llevan a cabo en las lecturas?

COLABORA

Coméntalo Con un compañero o una compañera comenta la ilustración. Dialoga sobre lo que observas. Lee el pie de foto y comenta cómo influyen las acciones de estas personas en la comunidad.

Cita evidencia del texto Encierra en un cuadro los detalles de la imagen que muestran cómo las personas generan impacto. Encierra en un círculo lo que muestran sus emociones con respecto a lo que están haciendo.

Escribe La manera en que los artistas y los autores de las lecturas me muestran el impacto que las personas producen en el mundo es

_____

_____

_____

_____

ACUÉRDATE

LECTURA ATENTA

Veo personas que generan impacto. Esto me ayudará a comparar la ilustración con las selecciones de esta semana.

Esta ilustración muestra ocho personas plantando árboles en un jardín urbano.

ImageZoo/SuperStock

"Caupolicán", "¿Quién es...?"

Antología de literatura: páginas 510–512

¿Cómo emplea el autor el lenguaje para que tengas una imagen vívida de Caupolicán?

Coméntalo Vuelve a leer el poema de la página 510. Comenta en parejas las referencias a personajes históricos o mitológicos y cómo se comparan con Caupolicán.

Cita evidencia del texto ¿Cómo evidencia el autor la fuerza de Caupolicán? Escribe tu respuesta en el organizador gráfico.

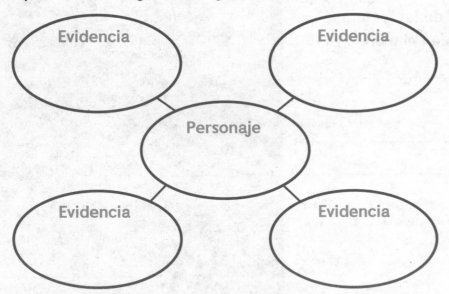

Evidencia

Evidencia

Personaje

Evidencia

Evidencia

Consejo de la semana

Cuando **vuelvo a leer,** presto atención a las referencias a personajes históricos o mitológicos en el poema para entender mejor las descripciones físicas de los personajes.

Frank °

Escribe Puedo tener una imagen vívida de Caupolicán porque el autor _____

_____

_____

¿Cómo el poema logra recrear la imagen de Caupolicán?

 COLABORA

Coméntalo Vuelve a leer el poema de la página 512. Comenta en parejas a quién se refiere el autor con el título del poema.

Cita evidencia del texto ¿Cómo se describe en el poema a Caupolicán? Escribe tu respuesta en el organizador gráfico.

Evidencias	Perspectiva del autor

Escribe El poema recrea la imagen de Caupolicán mediante _____

_____

_____

 **ACUÉRDATE**

El lenguaje figurado me permite visualizar las características de un personaje y entender por qué el poeta escribió sobre él.

Tu turno

Piensa en cómo se crea en los poemas una imagen del paso de Caupolicán por tierras araucanas. ¿Cómo se pueden contrastar los recursos que emplean los poetas para crear estas imágenes?

El poeta de "Caupolicán" emplea recursos como...

En "¿Quién es?" se incluyen recursos como...

Los recursos que emplean los poetas para crear las imágenes de Caupolicán se pueden contrastar...

¡Conéctate!
Escribe tu respuesta en línea.

"Barcarola"

Vuelve a leer y haz anotaciones en el texto siguiendo las instrucciones.

Vuelve a leer el poema. Subraya los sujetos que aparecen en el poema. Escribe tu respuesta:

1   Mi niño tiene un barco
pequeño, rojo y blanco,
con una banderola
que ondea con el sol.

2   Un capitán de corcho,
cuatro nuevos grumetes,
cañones, dos mosquetes
y bombarda mejor.

3   Tiene un ancla que flota
amarrada en la popa,
y velas japonesas
en el palo mayor.

4   Un cofre sin monedas,
el mapa de un tesoro,
un catalejo, un loro
con plumas de color.

5   Mi niño tiene un barco
como lo tuve yo.

COLABORA

Comenta con un compañero o una compañera qué posee cada uno de los sujetos. Encierra en un círculo el objeto que comparten el niño y la voz poética.

Merce López

¿De que manera la voz poética logra situarte en su pasado aunque realice una descripción de un suceso del presente?

Coméntalo Vuelve a leer el poema de la página 196. Comenta en parejas qué puedes imaginar de la infancia de la voz poética con la descripción sobre el barco de su hijo.

Cita evidencia del texto ¿Qué similitudes tiene el barco del hijo con el de la voz poética? Completa el organizador gráfico.

Barco del hijo	Barco de la voz poética

Escribe La voz poética logra situarme en su pasado porque _____

_____

_____

 **ACUÉRDATE**

Cuando leo el poema, presto atención a las palabras que emplea la voz poética para hablar del presente. Esto me ayuda a comparar sucesos que acontecieron en el pasado.

¿De qué forma el empleo del lenguaje que hace Alfred Lord Tennyson es similar al que hacen los autores de *"Caupolicán", "¿Quién es...?"* y de *"Barcarola"*?

COLABORA

Coméntalo Lee el poema. Comenta con un compañero o una compañera lo que simboliza el roble en el poema.

Cita evidencia del texto Lee el poema. Encierra en un círculo las palabras que evidencian la fortaleza del roble. Subraya las oraciones que te indican el paso del tiempo.

Escribe El empleo del lenguaje de los diferentes poemas es

similar porque _____

_____

_____

_____

_____

_____

_____

El roble

Vive tu vida,   A tonos más sobrios

Joven o viejo,   Oro de nuevo.

Como un roble,   Todas sus hojas

Radiante en primavera,   caen eventualmente

Vive en brillo;   Mira, sigue en pie,

Verano-abundante   Tronco y rama

Luego; y luego   Fuerza desnuda.

En otoño cambia

— Alfred Lord Tennyson